mathématique

Ma **1re** année expliquée

Mylène Lafrenière • Valentin Chevry
Kevin Duroseau

CAR
ACT
ÈRE

D1416695

Conception de la couverture: Bruno Paradis
Mise en pages: Bruno Paradis
Correction d'épreuves: Richard Lavallée

Imprimé au Canada
ISBN : 978-2-89642-709-3
Dépôt légal – Bibliothèque et Archives nationales du Québec, 2013

Les Éditions Caractère reconnaissent l'aide financière du gouvernement du Canada par l'entremise du Fonds du livre du Canada pour leurs activités d'édition.

Visitez le site des Éditions Caractère
editionscaractere.com

SOMMAIRE

Pour les élèves, les cahiers d'exercices sont très utiles. Mais lorsque certaines notions sont mal assimilées, il est difficile de trouver l'information nécessaire pour comprendre et poursuivre. Pour votre part, parents, qui tentez d'expliquer ces notions, vous vous heurtez soit à la barrière du langage utilisé à l'école, soit à la difficulté de vous rappeler ces notions apprises il y a longtemps.

Au début de chaque section, des explications claires et détaillées sont fournies sur le sujet abordé. Votre enfant peut les lire avant de débuter la série d'exercices ou s'y référer en cas de besoin. Quant à vous, parents, vous pourrez vous rafraîchir la mémoire en les consultant. Par contre, si par manque de temps vous n'étiez pas en mesure d'aider votre enfant, il pourra quand même se débrouiller seul en consultant les explications et en vérifiant ses réponses à l'aide du corrigé.

Les exercices sont nombreux afin de permettre à votre enfant de bien maîtriser et de réviser les principaux savoirs essentiels du Programme de formation de l'école québécoise du ministère de l'Éducation, du Loisir et du Sport. Des tests de révision contribuent à donner un portrait global de son évolution académique.

Enfin une collection qui permet aussi aux parents de comprendre !

Depuis des milliers d'années, les humains ont besoin de calculer et de garder des traces de leurs calculs. Plusieurs systèmes de numération ont existé avant celui que nous utilisons aujourd'hui.

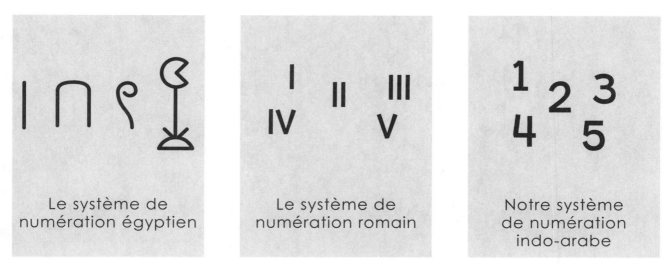

Le système de numération égyptien

Le système de numération romain

Notre système de numération indo-arabe

Mais les mathématiques, ce n'est pas seulement calculer. Dans la vie de tous les jours, nous utilisons les mathématiques pour toutes sortes d'activités :

Lire l'heure sur une horloge, calculer le temps d'une activité, etc.

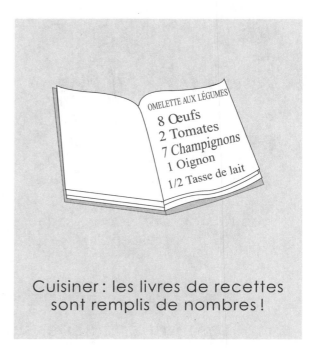

OMELETTE AUX LÉGUMES
8 Œufs
2 Tomates
7 Champignons
1 Oignon
1/2 Tasse de lait

Cuisiner : les livres de recettes sont remplis de nombres !

Jouer aux cartes ou à d'autres
jeux de hasard.

Résoudre des problèmes
et trouver de bonnes solutions.

Faire des achats au magasin
ou à l'épicerie.

Partager le nombre d'enfants
en deux équipes égales pour
jouer au soccer.

Les mathématiques sont partout dans notre vie !
Regarde autour de toi, tu verras !

Les chiffres

 ZÉRO

  CINQ

 UN

 SIX

 DEUX

 SEPT

 TROIS

 HUIT

QUATRE

 NEUF

Nous pouvons aussi écrire les nombres en lettres.

Écriture en lettres

Les nombres de 0 à 16 s'écrivent avec un seul mot :	Les nombres 20, 30, 40, 50, 60 et 100 s'écrivent aussi avec un seul mot :
Un Neuf Deux Dix Trois Onze Quatre Douze Cinq Treize Six Quatorze Sept Quinze Huit Seize	Vingt Trente Quarante Cinquante Soixante Cent

les autres nombres sont composés de deux mots
et prennent souvent un trait d'union.

Exemples :
Trente-deux
Vingt-quatre
Cent quatre-vingt-dix

Lorsqu'on lit un chiffre, on commence toujours à gauche :

214
→

Je lis en commençant par le chiffre 2 : deux cent quatorze.

Relie les nombres et leur nom en lettres.

a) 30

b) 2

c) 3

d) 24

e) 15

f) 60

g) 47

h) 18

i) 59

j) 10

Deux

Quinze

Cinquante-neuf

Trente

Quarante-sept

Dix-huit

Dix

Vingt-quatre

Soixante

Trois

Écris les chiffres suivants en lettres.

a) 0 _____

b) 1 _____

c) 2 _____

d) 3 _____

e) 4 _____

f) 5 _____

g) 6 _____

h) 7 _____

i) 8 _____

j) 9 _____

Écris les nombres suivants en chiffres.

a) Quatre-vingt-deux

b) Soixante-seize

c) Douze

d) Vingt

e) Trois

f) Quarante-deux

g) Cinquante-cinq

h) Quarante-trois

i) Treize

j) Trente-trois

Regarde l'illustration et complète les phrases en écrivant les nombres en lettres.

a) Il y a _____ ballons.

b) Sur le gâteau, on compte _____ bougies.

c) Sur la table, on voit _____ verres.

d) _____ cadeaux ont été déposés sur la table.

e) Il y a _____ clown à la fête.

f) Le clown a _____ boutons sur sa veste.

Écris les nombres suivants en chiffres.

a) Quatre-vingt-neuf _____

b) Cent trente _____

c) Soixante-trois _____

d) Deux cent vingt-trois _____

e) Quarante-deux _____

f) Cinq _____

g) Quarante-huit _____

h) Quatre-vingt-sept _____

i) Cinq cent soixante et onze _____

I. **Encercle les nombres qui contiennent le chiffre 5 lorsqu'on les écrit en chiffres.**

Quarante-six

Quinze

Cinquante

Vingt-cinq

Soixante-sept

Douze

2. **Encadre les nombres qui contiennent le chiffre 2 lorsqu'on les écrit en chiffres.**

Vingt

Douze

Quarante-neuf

Quatre

Trente-deux

Soixante-douze

Relie les nombres à leur nom en lettres.

a) 123

b) 90

c) 446

d) 14

e) 9

f) 55

g) 354

h) 76

i) 267

j) 60

Soixante

Cinquante-cinq

Trois cent cinquante-quatre

Deux cent soixante-sept

Quatre-vingt-dix

Quatorze

Cent vingt-trois

Quatre cent quarante-six

Neuf

Soixante-seize

Définition : Dénombrer, c'est compter combien il y a d'éléments dans un ensemble, compter combien il y a d'objets dans une collection.

Pour dénombrer les objets, il faut utiliser les mots-nombres (un, deux, trois, quatre, cinq, six, etc.). Le dernier nombre récité est celui qui représente la quantité.

Par exemple :

STRATÉGIE : quand il y a beaucoup d'objets à dénombrer, il est possible de se tromper en comptant. Une bonne stratégie est de barrer les objets déjà comptés.

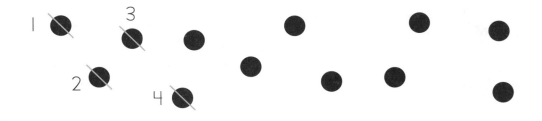

Associe le bon panier au bon enfant.

 J'ai 4 poires dans mon panier.

 J'ai 8 poires dans mon panier.

J'ai 12 poires dans mon panier.

 J'ai 5 poires dans mon panier.

 J'ai 14 poires dans mon panier.

 J'ai 7 poires dans mon panier.

Dans chaque enclos, colorie le nombre de poules demandé.

a) 2 poules

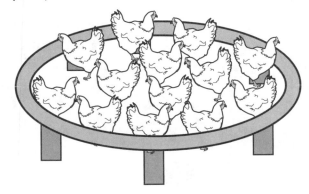

d) 9 poules

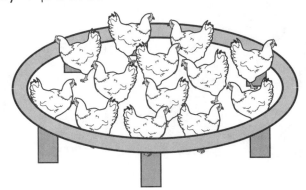

b) 5 poules

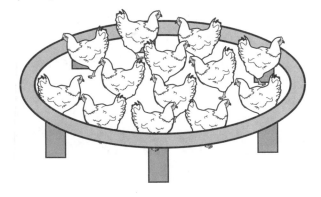

e) 3 poules

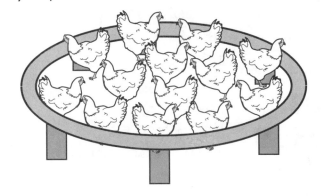

c) 12 poules

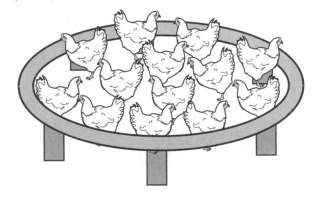

f) 8 poules

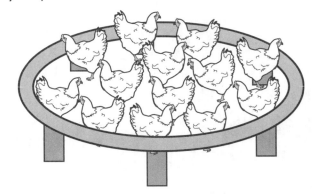

Compte le nombre de et écris ta réponse sur la ligne.

a)

_____

b)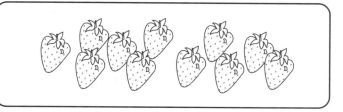

_____

c)

_____

d)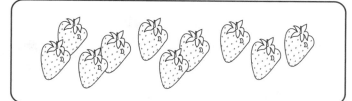

_____

e)

_____

f)

_____

Il existe différentes façons de représenter un nombre.
Voici quelques exemples :

0	Zéro			
1	Un			
2	Deux			
3	Trois			
4	Quatre			
5	Cinq			
6	Six			
7	Sept			
8	Huit			
9	Neuf			

Dans chaque vase, dessine le nombre de fleurs demandé.

Exemple :

3

c)

5

f)

4

a)

1

d)

10

g)

9

b)

8

e)

3

h)

7

Représente chaque nombre en les illustrant sur les dés.

Ex. : 3 = ⚀ ⚁

a) 4	▢ ▢
b) 10	▢ ▢
c) 2	▢ ▢
d) 6	▢ ▢
e) 12	▢ ▢
f) 7	▢ ▢
g) 9	▢ ▢
h) 5	▢ ▢

Colorie les pièces de monnaie nécessaires pour acheter chaque objet.

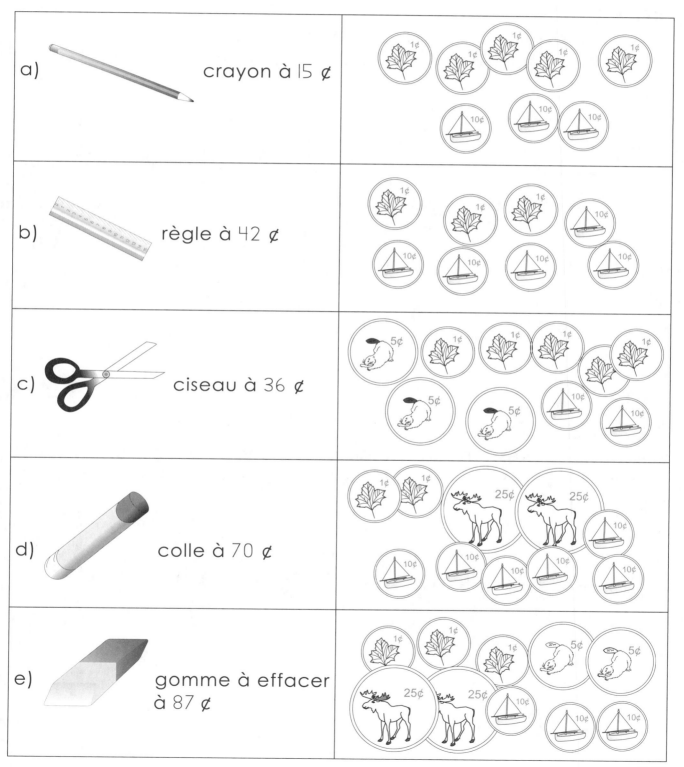

Définition : Deux expressions mathématiques sont équivalentes lorsqu'elles représentent la même valeur.

EXEMPLE 1 :

Voici deux expressions équivalentes au nombre 10. Les deux équations sont différentes, mais elles ont comme résultat 10 :

$$10 = \begin{cases} 5 + 5 \\ 9 + 1 \end{cases}$$

EXEMPLE 2 :

Voici deux expressions équivalentes car chacune de leur somme est égale à 50. Donc, on peut mettre le symbole = entre les deux expressions.

$$10 + 10 + 10 + 10 + 10 = 20 + 20 + 10$$

Colorie l'expression équivalente.

a) | 10 + 2

9 + 4

6 + 6

b) | 40 + 5

20 + 20 + 3 + 3

10 + 10 + 10 + 10 + 5

c) | 50 + 1

10 + 10 + 10 + 10 + 20 + 1

20 + 20 + 10 + 1

d) | 80 + 10

25 + 25 + 25 + 10 + 5

50 + 20 + 10

e) | 13 + 20

10 + 10 + 3

10 + 10 + 10 + 3

Colorie :
- **en jaune les expressions équivalentes à 25 ;**
- **en vert les expressions équivalentes à 30.**

22 + 3

10 + 10 + 10

10 + 15

40 + 10

36 − 6

38 − 13

2 + 23

45 − 15

22 + 8

10 + 20

Relie les expressions équivalentes.

a) 29

b) 14

c) 6d + 8u

d) 10 − 2

e) 75

f) 37 + 3

g) 100

25 + 25 + 25

8u

50 + 50

4d

7 + 7

68

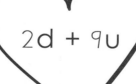

2d + 9u

Plus petit, plus grand ou égal ?

Le symbole **<** signifie
« plus petit que ».
Le « bec » est fermé et pointe
le plus petit nombre.

Plus
petit

Le symbole **>** signifie
« plus grand que ».
Le « bec » est grand ouvert
du côté du plus grand nombre.

Plus
grand

Le symbole **=** signifie
« égal ».

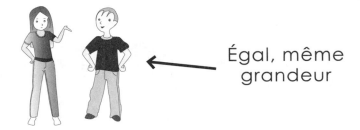

Égal, même
grandeur

Exemples :

2 est plus petit que 3 On écrit : **2 < 3** Le « bec » est fermé du côté du petit nombre.	9 est plus grand que 5 On écrit : **9 > 5** Le « bec » est ouvert du côté du grand nombre.	42 est égal à 42 On écrit : **42 = 42** Les deux nombres sont pareils, égaux.

Écris le bon symbole <, > ou = dans chaque pancarte.

a) 5 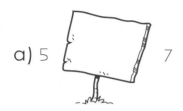 7

b) 30 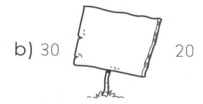 20

c) 19  91

d) 8  8

e) 24  18

f) 54  45

g) 12 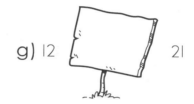 21

h) 2  5

i) 14  32

Observe les nombres et effectue les consignes demandées.

a) Colorie en mauve les nombres plus grands que 51.

b) Colorie en jaune les nombres plus petits que 40.

c) Trace un X sur les nombres que se situent entre 40 et 50.

Dans chaque ensemble, encercle le plus petit nombre.

a)   50   55   51   65

b)   89   98   78   28

c)   14   41   4   40

d)   37   28   65   29

e)   177   172   770   771

Encercle l'aquarium qui contient le plus petit nombre de poissons.

Encercle l'aquarium qui contient le plus grand nombre de poissons.

  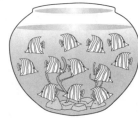

Dans l'aquarium de droite, dessine autant de poissons que dans l'aquarium de gauche.

Compte les objets et écris le bon symbole <, > ou = dans les bulles.

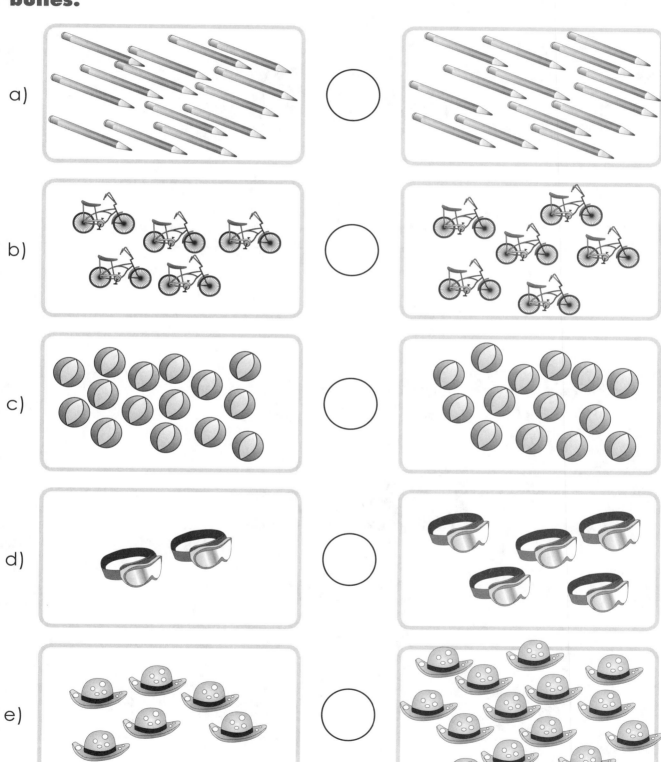

a)

b)

c)

d)

e)

Ordre croissant : Lorsqu'on ordonne des nombres *du plus petit au plus grand*.

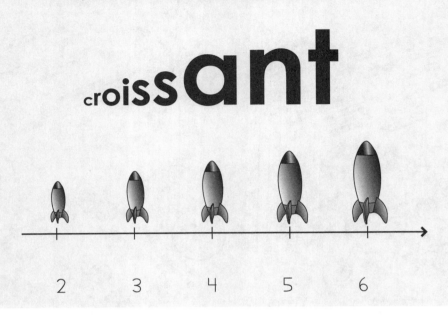

Ordre décroissant : Lorsqu'on ordonne des nombres *du plus grand au plus petit*.

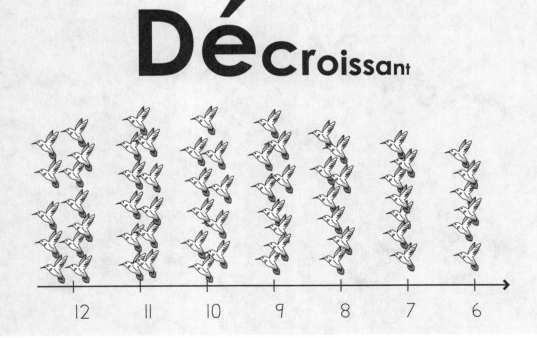

Place les nombres suivants dans l'ordre croissant.

a)　　82　　　　40　　　　29　　　　51　　　　19

_____

b)　　　9　　　　60　　　　35　　　　57　　　　75

_____

Place les nombres suivants dans l'ordre décroissant.

c)　　　12　　　　21　　　　76　　　　39　　　　50

_____

d)　　　75　　　　81　　　　88　　　　5　　　　94

_____

Les nombres suivants sont-ils placés dans l'ordre croissant ou décroissant?

e)　91　89　60　57　31 _____

f)　11　19　57　79　91 _____

g)　22　16　8　5　1 _____

h)　354　444　459　501　507 _____

i)　74　54　34　24　4 _____

Place les garçons suivants dans l'ordre croissant de grandeur. Écris leur nom sur les lignes.

Mirkö	Laurier	Anakin	Sam	Mathieu

126 cm	89 cm	101 cm	110 cm	98 cm

_____ _____ _____ _____ _____

Place les filles suivantes dans l'ordre décroissant de grandeur. Écris leur nom sur les lignes.

Mishelle	Rasha	Stella	Evelyn-Rose	Nia

78 cm	65 cm	91 cm	89 cm	105 cm

_____ _____ _____ _____ _____

Complète les suites de nombres en respectant l'ordre demandé.

Exemple :

Ordre croissant | 6 | 7 | 8 | 9 |

a) Ordre croissant | 10 | | | |

b) Ordre décroissant | 70 | | | |

c) Ordre croissant | 29 | | | |

d) Ordre croissant | 99 | | | |

e) Ordre décroissant | 35 | | | |

f) Ordre décroissant | 62 | | | |

g) Ordre croissant | 14 | | | |

h) Ordre décroissant | 122 | | | |

Les nombres sont composés d'unités, de dizaines, de centaines, d'unités de mille, de dizaines de mille, ainsi de suite.

1 unité = 1 = une unité

Matériel multibase	●

10 unités = 10 = une dizaine (un paquet de 10)

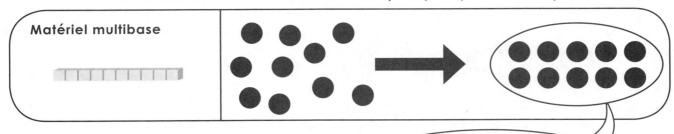

Avec dix unités, je fais un regroupement. On appelle ça une dizaine.

10 dizaines = 100 = une centaine (1 paquet de cent)

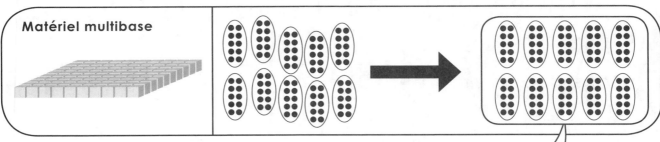

Dans ma centaine, j'ai dix groupes de dix unités. J'ai donc 100 unités.

Compte le nombre d'unités dans chaque ensemble.

	Unités
a)	_____
b)	_____
c)	_____
d)	_____
e)	_____

Fais des groupements de 10 et remplis les cases.

a) ☐ dizaine et ☐ unités

b) ☐ dizaine et ☐ unités

c) ☐ dizaine et ☐ unités

d) ☐ dizaine et ☐ unités

e) ☐ dizaine et ☐ unités

Remplis les cases.

a)

$$2 \boxed{} + 1 \boxed{} = 21$$

b)

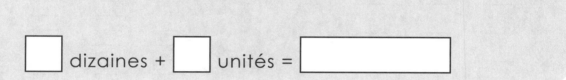

$$\boxed{} \text{ dizaines} + \boxed{} \text{ unités} = \boxed{}$$

c)

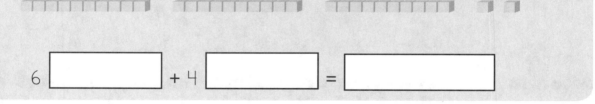

$$6 \boxed{} + 4 \boxed{} = \boxed{}$$

d)

$$1 \boxed{} + \boxed{} \text{ dizaine} + 1 \boxed{} = \boxed{}$$

e)

$$1 \text{ centaine} + \boxed{} = \boxed{}$$

Chaque trait représente une journée de vacances.

a) Combien de jours Léon est-il en vacances cet été ? Fais des groupements de 10.

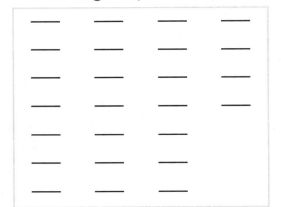

Léon est en vacances durant _____ jours.

b) Combien de jours Annah est-elle en vacances cet été ? Fais des groupements de 10.

Annah est en vacances durant _____ jours.

À ton tour, dessine avec des traits le nombre de jours de vacances de Julie et Valentino. Fais des groupements de 10.

a) Je suis en vacances durant 19 jours.

b) Je suis en vacances durant 40 jours.

Écris la bonne réponse dans la case.

a) 1 centaine   + 2 dizaines + 7 unités = [ ]

b) 3 centaines + 1 dizaine   + 6 unités = [ ]

c) 2 centaines + 1 dizaine   + 0 unité   = [ ]

d) 7 centaines + 0 dizaine   + 5 unités = [ ]

e) 0 centaine   + 4 dizaines + 4 unités = [ ]

Trouve le nombre de lapins en faisant des groupements de 10 et de 100.

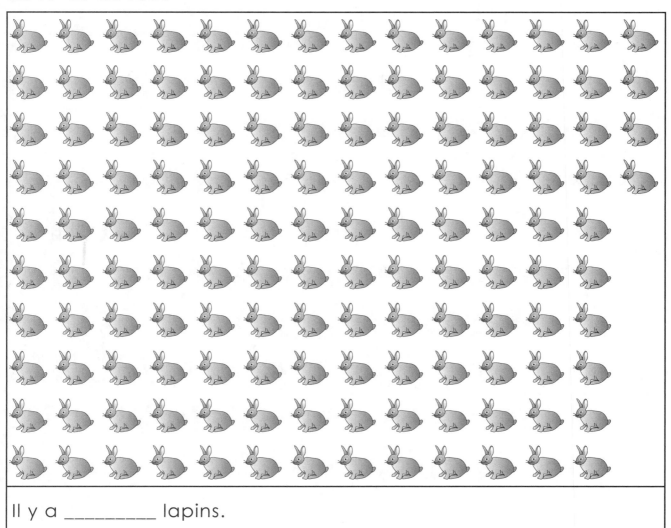

Il y a _____ lapins.

45

Nombre à 2 chiffres

Décomposer un nombre à 2 chiffres, c'est l'écrire en dizaines (paquets de dix) et en unités.

Exemple :

67	=	60	+	7
67	=	6 dizaines	+	7 unités

 Nombre à 3 chiffres

Décomposer un nombre à 3 chiffres, c'est l'écrire en centaines, en dizaines et en unités.

Exemple :

412	=	400	+	10	+	2
412	=	4 centaines	+	1 dizaine	+	2 unités

Relie, à l'aide d'un trait, chaque nombre à sa décomposition.

0 dizaine + 8 unités

4 dizaines + 9 unités

2 dizaines + 0 unité

9 dizaines + 4 unités

1 centaine +
0 dizaine + 2 unités

1 centaine + 2 dizaines + 5 unités

 8 20 49 94 102 125

Écris dans le papillon le nombre qui a été décomposé.

Exemple : 3 dizaines + 1 unité = 31

a) 2 dizaines + 9 unités =

b)  =

c) 1 centaine + 5 dizaines =

d)   =

e) 8 dizaines + 7 unités =

f) 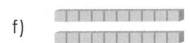 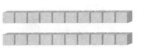 =

g) 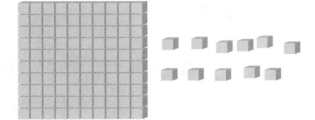 =

h) 3 centaines et 3 unités =

48

Remplis les cases.

a) 27 = 20 + ☐

b) 52 = 5 dizaines + ☐ unités

c) 80 = ☐ dizaines + 0 unité

d) 14 = ☐ dizaine + 4 ☐

e) 35 = 3 ☐ + 5 unités

f) 39 = ☐ dizaines + 9 unités

g) 90 = 9 ☐

h) 72 = 6 ☐ + 12 ☐

i) ☐ = 6 dizaines + 5 unités

j) 91 = 9 ☐ + 1 ☐

Les nombres pairs finissent par :

0, 2, 4, 6, 8

Nombres pairs de 0 à 49 :

0	1	2	3	4	5	6	7	8	9
10	11	12	13	14	15	16	17	18	19
20	21	22	23	24	25	26	27	28	29
30	31	32	33	34	35	36	37	38	39
40	41	42	43	44	45	46	47	48	49

Les nombres impairs finissent par :

1, 3, 5, 7, 9

Nombres impairs de 0 à 49 :

0	1	2	3	4	5	6	7	8	9
10	11	12	13	14	15	16	17	18	19
20	21	22	23	24	25	26	27	28	29
30	31	32	33	34	35	36	37	38	39
40	41	42	43	44	45	46	47	48	49

Colorie en bleu les nombres pairs et en vert les nombres impairs.

Relie par une ligne chaque pomme au bon arbre.

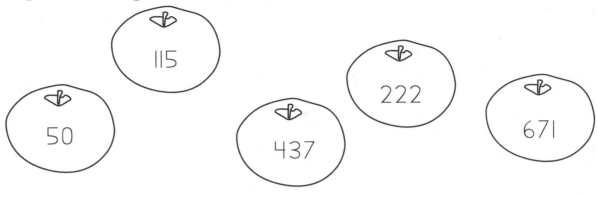

Nombres pairs   Nombres impairs

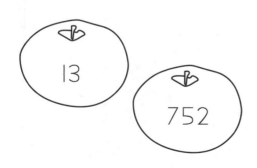

Écris les nombres pairs qui sont plus petits que 10.

_____   _____   _____   _____   _____

Écris les nombres impairs qui sont plus petits que 10.

_____   _____   _____   _____   _____

Écris 4 nombres pairs qui se situent entre 20 et 30.

_____   _____   _____   _____

Écris 4 nombres impairs qui se situent entre 50 et 70.

_____   _____   _____   _____

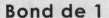
Définition : Une suite de nombres est une série de nombres placés dans un ordre logique et séparés par une virgule.

Voici 2 suites de nombres :

Bond de 1

1, 2, 3, 4, 5, 6, 7, 8, 9, 10, 11, 12, 13, 14, 15, 16, 17, [**?**]

Dans cette suite, le nombre manquant serait 18.

Bond de 2

8, 10, 12, 14, 16, 18, 20, 22, 24, 26, 28, 30, 32, 34, [**?**]

Dans cette suite, le nombre manquant serait 36.

Complète les suites de nombres.

a)

| 6 | 7 | 8 | | |

b)

| 10 | 11 | 12 | | |

c)

| 2 | | 6 | 8 | |

d)

| 5 | 4 | 3 | | |

e)

| | 5 | 7 | 9 | |

f)

| 17 | 18 | | 20 | |

Pour chaque suite, colorie en rouge la boule qui représente le nombre manquant.

a)

b)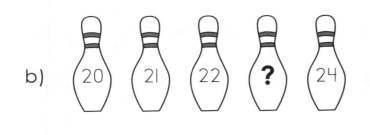

c)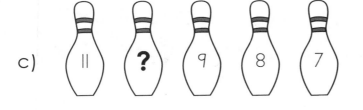

d)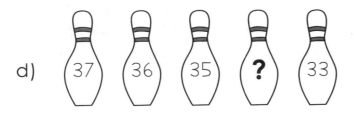

e)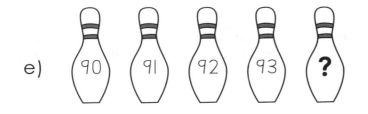

f)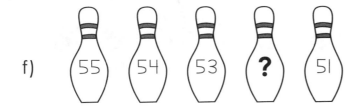

Relie chaque suite de nombres à la bonne règle.

a)   1   2   3   4

-1

b)   5   10   15   20

+2

c)   5   7   9   11

+5

d)   8   11   14   17

+1

e)   5   4   3   2

-2

f)   12   10   8   6

+3

Une règle décide de l'ordre dans lequel les formes, les objets ou les nombres sont placés. C'est ce qu'on appelle la **régularité**.

Régularités non numériques (objets, formes, couleurs, etc.)

L'ordre (la régularité) est toujours le même : tulipe, marguerite, rose, tulipe, marguerite, rose, etc.

L'ordre (la régularité) est toujours le même : limonade, citron, citron, limonade, citron, citron, etc.

Régularités numériques (nombres)

2 3 4 2 3 4 2 3 4 2 3 4

L'ordre (la régularité) est toujours le même : le chiffre 2, le chiffre 3, le chiffre 4, le chiffre 2, le chiffre 3, le chiffre 4, etc.

Complète les régularités.

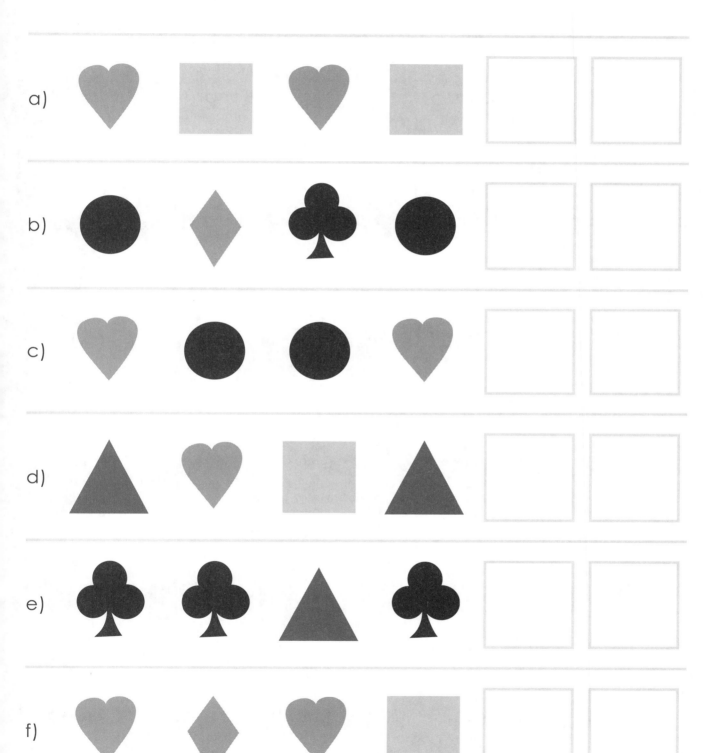

Écris le bon nom de fruit pour compléter les régularités.

a)   Fraise   Banane   _____   Banane   Fraise

b)   Raisin   Pomme   Pomme   Raisin   _____

c)   Cerise   Kiwi   Pomme   _____   Kiwi

d)   _____   Fraise   Banane   Poire   Fraise

e)   Cerise   _____   Kiwi   Poire   Cerise   Raisin

f)   _____   Fraise   Fraise   Pomme   Fraise   Fraise

Complète les régularités.

a) 1   2   3   1   2   ☐ ☐ ☐

b) 10   12   ☐   10   12   14   10   ☐

c) 7   ☐   7   8   ☐   8   7   8

d) 100 200 5   100 200 ☐ ☐ 200

e) ☐   6   9   3   6   9   ☐ ☐

f) 0   0   4   0   ☐ ☐   0   0

g) 5   10   ☐   5   10   15   ☐   10

h) ☐   89   79   ☐   99   ☐   79   69

Addition : Opération mathématique dans laquelle on ajoute un nombre à un autre. Le résultat d'une addition est appelé la **somme**.

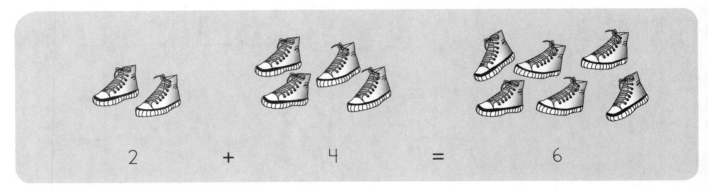

2	+	4	=	6

Additionner à la verticale

Exemple : 25 + 14 = ?

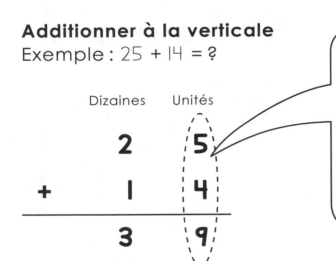

On calcule d'abord les unités : 5 + 4 = 9. On écrit 9 sous la barre dans la colonne des unités.

On calcule ensuite les dizaines : 2 + 1 = 3. On écrit 3 sous la barre dans la colonne des dizaines.

25 + 14 = 39

Addition avec retenue

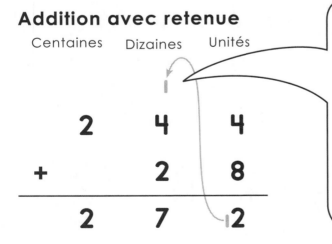

Ici, la retenue signifie qu'on a obtenu un nombre plus grand que 9 dans la colonne des unités, on a obtenu 12. On laisse le 2 sous la colonne des unités et on va placer le 1 (la dizaine) dans la colonne des dizaines. Lorsqu'on additionne, on doit calculer la retenue (+ 1).

TABLES D'ADDITION DE 1 À 6

1
1 + 1 = 2
1 + 2 = 3
1 + 3 = 4
1 + 4 = 5
1 + 5 = 6
1 + 6 = 7
1 + 7 = 8
1 + 8 = 9
1 + 9 = 10
1 + 10 = 11
1 + 11 = 12
1 + 12 = 13

2
2 + 1 = 3
2 + 2 = 4
2 + 3 = 5
2 + 4 = 6
2 + 5 = 7
2 + 6 = 8
2 + 7 = 9
2 + 8 = 10
2 + 9 = 11
2 + 10 = 12
2 + 11 = 13
2 + 12 = 14

3
3 + 1 = 4
3 + 2 = 5
3 + 3 = 6
3 + 4 = 7
3 + 5 = 8
3 + 6 = 9
3 + 7 = 10
3 + 8 = 11
3 + 9 = 12
3 + 10 = 13
3 + 11 = 14
3 + 12 = 15

4
4 + 1 = 5
4 + 2 = 6
4 + 3 = 7
4 + 4 = 8
4 + 5 = 9
4 + 6 = 10
4 + 7 = 11
4 + 8 = 12
4 + 9 = 13
4 + 10 = 14
4 + 11 = 15
4 + 12 = 16

5
5 + 1 = 6
5 + 2 = 7
5 + 3 = 8
5 + 4 = 9
5 + 5 = 10
5 + 6 = 11
5 + 7 = 12
5 + 8 = 13
5 + 9 = 14
5 + 10 = 15
5 + 11 = 16
5 + 12 = 17

6
6 + 1 = 7
6 + 2 = 8
6 + 3 = 9
6 + 4 = 10
6 + 5 = 11
6 + 6 = 12
6 + 7 = 13
6 + 8 = 14
6 + 9 = 15
6 + 10 = 16
6 + 11 = 17
6 + 12 = 18

TABLES D'ADDITION DE 7 À 12

7
7 + 1 = 8
7 + 2 = 9
7 + 3 = 10
7 + 4 = 11
7 + 5 = 12
7 + 6 = 13
7 + 7 = 14
7 + 8 = 15
7 + 9 = 16
7 + 10 = 17
7 + 11 = 18
7 + 12 = 19

8
8 + 1 = 9
8 + 2 = 10
8 + 3 = 11
8 + 4 = 12
8 + 5 = 13
8 + 6 = 14
8 + 7 = 15
8 + 8 = 16
8 + 9 = 17
8 + 10 = 18
8 + 11 = 19
8 + 12 = 20

9
9 + 1 = 10
9 + 2 = 11
9 + 3 = 12
9 + 4 = 13
9 + 5 = 14
9 + 6 = 15
9 + 7 = 16
9 + 8 = 17
9 + 9 = 18
9 + 10 = 19
9 + 11 = 20
9 + 12 = 21

10
10 + 1 = 11
10 + 2 = 12
10 + 3 = 13
10 + 4 = 14
10 + 5 = 15
10 + 6 = 16
10 + 7 = 17
10 + 8 = 18
10 + 9 = 19
10 + 10 = 20
10 + 11 = 21
10 + 12 = 22

11
11 + 1 = 12
11 + 2 = 13
11 + 3 = 14
11 + 4 = 15
11 + 5 = 16
11 + 6 = 17
11 + 7 = 18
11 + 8 = 19
11 + 9 = 20
11 + 10 = 21
11 + 11 = 22
11 + 12 = 23

12
12 + 1 = 13
12 + 2 = 14
12 + 3 = 15
12 + 4 = 16
12 + 5 = 17
12 + 6 = 18
12 + 7 = 19
12 + 8 = 20
12 + 9 = 21
12 + 10 = 22
12 + 11 = 23
12 + 12 = 24

ADDITION

Effectue les additions suivantes.

a) 5 + 2 =

b) 8 + 3 =

c) 4 + 9 =

d) 3 + 5 =

e) 5 + 3 =

f) 9 + 9 =

g) 9 + 0 =

h) 0 + 0 =

i) 1 + 8 =

j) 15 + 1 =

k) 17 + 4 =

l) 12 + 3 =

m) 37 + 8 =

n) 8 + 8 =

o) 0 + 10 =

p) 10 + 10 =

Fais un X sur le bateau si le résultat est incorrect.

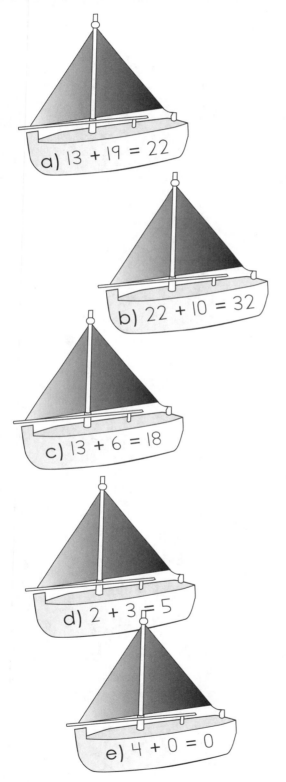

a) 13 + 19 = 22

b) 22 + 10 = 32

c) 13 + 6 = 18

d) 2 + 3 = 5

e) 4 + 0 = 0

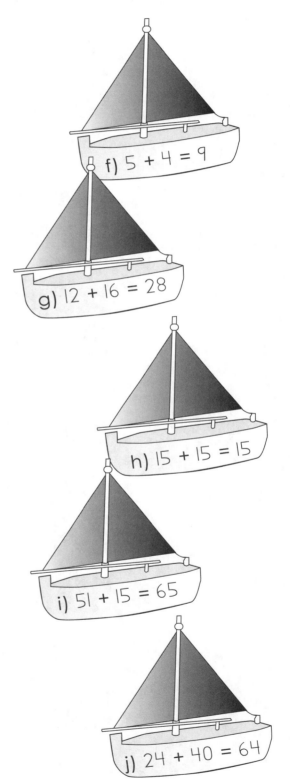

f) 5 + 4 = 9

g) 12 + 16 = 28

h) 15 + 15 = 15

i) 51 + 15 = 65

j) 24 + 40 = 64

Effectue les additions suivantes.

a) $8 + 8 =$ _____

b) $2 + 9 =$ _____

c) $9 + 4 =$ _____

d) $15 + 2 =$ _____

e) $3 + 7 =$ _____

f) $4 + 8 =$ _____

g) $0 + 7 =$ _____

h) $3 + 6 =$ _____

i) $4 + 4 =$ _____

j) $5 + 1 =$ _____

Remplis les tableaux suivants en effectuant les additions.

+ ↱	2	5	0	9
7				
9				
4				
10				

+ ↱	5	10	100	20
10				
8				
14				
5				

+ ↱	3	7	1	4
2				
8				
6				
12				

+ ↱	6	8	12	3
20				
5				
10				
4				

Effectue les additions suivantes.

a)
```
   23
+  19
-----
```

b)
```
   45
+  35
-----
```

c)
```
   12
+   8
-----
```

d)
```
   17
+  14
-----
```

e)
```
   68
+   3
-----
```

f)
```
   32
+  29
-----
```

g)
```
   99
+   4
-----
```

h)
```
  124
+  27
-----
```

i)
```
  765
+  18
-----
```

Remplis les cases.

a) $12 + \boxed{} = 13$

b) $\boxed{} + 2 = 4$

c) $4 + 3 = \boxed{}$

d) $5 + \boxed{} = 8$

e) $10 + \boxed{} = 19$

f) $\boxed{} + 25 = 30$

g) $4 + \boxed{} = 11$

h) $5 + 18 = \boxed{}$

i) $\boxed{} + \boxed{} = 3$

Colorie l'opération qui correspond au problème.

a) Mirella et son père jardinent. Ils plantent 6 plants de tomates et 5 plants de laitues. Combien ont-ils planté de plants en tout?

$$6 + 5 \qquad 6 - 5$$

b) Julien a 12 $ dans son portefeuille. Il va au cinéma. Son billet lui coûte 8 $. Combien lui reste-t-il?

$$12 + 8 \qquad 12 - 8$$

c) Myra lit un livre qui contient 156 pages. Elle a déjà lu 100 pages. Combien de pages lui reste-t-il à lire?

$$156 + 100 \qquad 156 - 100$$

Colorie l'opération qui correspond au problème.

a) Le fleuriste prépare un bouquet de fleurs. Il met 4 tulipes, 5 roses et 6 marguerites. Combien y a-t-il de fleurs en tout dans le bouquet ?

| 4 + 5 + 6 | 4 + 5 − 6 |

b) Donald va à la boulangerie. Il achète un croissant à 1 $ et un pain aux raisins à 3 $. Combien cela lui coûtera-t-il ?

| 3 + 1 | 3 − 1 |

c) Émilie a apporté 17 billes à l'école. Elle en a perdu 3. Combien lui en reste-il ?

| 17 + 3 | 17 − 3 |

Lis chaque problème. Écris + ou – dans la case et trouve la réponse.

a) Aujourd'hui, j'ai mangé 3 fraises et 4 pêches. Combien ai-je mangé de fruits ?

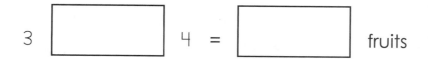

3 ☐ 4 = ☐ fruits

b) Il y a 9 tomates dans le jardin de Noëlla. Elle en cueille 4. Combien reste-t-il de tomates dans le jardin ?

9 ☐ 4 = ☐ tomates

c) Au parc, il y a 14 balançoires et 3 glissades. Combien y a-t-il de jeux ?

14 ☐ 3 = ☐ jeux

Résous les problèmes suivants.

Annabelle a acheté 3 paires de souliers pour ses enfants.
Combien a-t-elle acheté de souliers en tout ?

Démarche :

Réponse : Annabelle a acheté _____ souliers.

Dans la ferme de Raymond, il y a 3 chevaux, 4 poules et
2 moutons. Combien peut-on compter de pattes en tout ?

Démarche :

Réponse : On compte _____ pattes.

Résous les problèmes suivants.

À sa fête, Josiane a invité 8 garçons et 12 filles. Combien a-t-elle invité d'amis en tout ?

Démarche :

Réponse : Josiane a invité _____ amis.

Au printemps, Maman renard a eu trois renardeaux et Maman ourse a eu deux oursons. Combien ont-elles eu de bébés en tout ?

Démarche :

Réponse : Elles ont eu _____ bébés.

Soustraction : Opération mathématique dans laquelle on enlève une partie d'un tout. Le résultat d'une soustraction est appelé la différence.

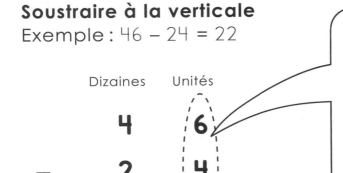

$$6 \quad - \quad 2 \quad = \quad 4$$

Soustraire à la verticale
Exemple : $46 - 24 = 22$

Dizaines	Unités
4	6
− 2	4
2	2

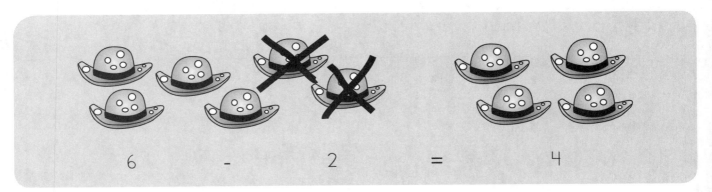

On calcule d'abord les unités : $6 - 4 = 2$. On écrit 2 sous la barre dans la colonne des unités.

On calcule ensuite les dizaines : $4 - 2 = 2$. On écrit 2 sous la barre dans la colonne des dizaines.

$$46 - 24 = 22$$

Soustraction avec emprunt

Centaines	Dizaines	Unités
2	⁴3	¹2
− 1	2	5
3	1	7

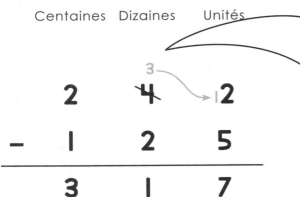

La soustraction des unités est impossible, car 2 est plus petit que 5, alors on emprunte une dizaine à gauche et il en reste 3. On écrit 1 à côté du 2 (on ajoute 10 unités, alors on en a 12). On peut donc soustraire $12 - 5 = 7$. Ensuite, on soustrait les dizaines : $3 - 2 = 1$; et les centaines : $2 - 1 = 3$.

TABLES DE SOUSTRACTION DE 1 À 6

1
1 − 1 = 0
2 − 1 = 1
3 − 1 = 2
4 − 1 = 3
5 − 1 = 4
6 − 1 = 5
7 − 1 = 6
8 − 1 = 7
9 − 1 = 10
10 − 1 = 11
11 − 1 = 12
12 − 1 = 13

2
2 − 2 = 0
3 − 2 = 1
4 − 2 = 2
5 − 2 = 3
6 − 2 = 4
7 − 2 = 5
8 − 2 = 6
9 − 2 = 7
10 − 2 = 8
11 − 2 = 9
12 − 2 = 10
13 − 2 = 11

3
3 − 3 = 0
4 − 3 = 1
5 − 3 = 2
6 − 3 = 3
7 − 3 = 4
8 − 3 = 5
9 − 3 = 6
10 − 3 = 7
11 − 3 = 8
12 − 3 = 9
13 − 3 = 10
14 − 3 = 11

4
4 − 4 = 0
5 − 4 = 1
6 − 4 = 2
7 − 4 = 3
8 − 4 = 4
9 − 4 = 5
10 − 4 = 6
11 − 4 = 7
12 − 4 = 8
13 − 4 = 9
14 − 4 = 10
15 − 4 = 11

5
5 − 5 = 0
6 − 5 = 1
7 − 5 = 2
8 − 5 = 3
9 − 5 = 4
10 − 5 = 5
11 − 5 = 6
12 − 5 = 7
13 − 5 = 8
14 − 5 = 9
15 − 5 = 10
16 − 5 = 11

6
6 − 6 = 0
7 − 6 = 1
8 − 6 = 2
9 − 6 = 3
10 − 6 = 4
11 − 6 = 5
12 − 6 = 7
13 − 6 = 7
14 − 6 = 8
15 − 6 = 9
16 − 6 = 10
17 − 6 = 11

TABLES DE SOUSTRACTION DE 7 À 12

7
7 − 7 = 0
8 − 7 = 1
9 − 7 = 2
10 − 7 = 3
11 − 7 = 4
12 − 7 = 5
13 − 7 = 6
14 − 7 = 7
15 − 7 = 8
16 − 7 = 9
17 − 7 = 10
18 − 7 = 11

8
8 − 8 = 0
9 − 8 = 1
10 − 8 = 2
11 − 8 = 3
12 − 8 = 4
13 − 8 = 5
14 − 8 = 6
15 − 8 = 7
16 − 8 = 8
17 − 8 = 9
18 − 8 = 10
19 − 8 = 11

9
9 − 9 = 0
10 − 9 = 1
11 − 9 = 2
12 − 9 = 3
13 − 9 = 4
14 − 9 = 5
15 − 9 = 6
16 − 9 = 7
17 − 9 = 8
18 − 9 = 9
19 − 9 = 10
20 − 9 = 11

10
10 − 10 = 0
11 − 10 = 9
12 − 10 = 2
13 − 10 = 3
14 − 10 = 4
15 − 10 = 5
16 − 10 = 6
17 − 10 = 7
18 − 10 = 8
19 − 10 = 9
20 − 10 = 10
21 − 10 = 11

11
11 − 11 = 0
12 − 11 = 1
13 − 11 = 2
14 − 11 = 3
15 − 11 = 4
16 − 11 = 5
17 − 11 = 6
18 − 11 = 7
19 − 11 = 8
20 − 11 = 9
21 − 11 = 10
22 − 11 = 11

12
12 − 12 = 0
13 − 12 = 1
14 − 12 = 2
15 − 12 = 3
16 − 12 = 4
17 − 12 = 5
18 − 12 = 6
19 − 12 = 7
20 − 12 = 8
21 − 12 = 9
22 − 12 = 10
23 − 12 = 11

SOUSTRACTION

Effectue les soustractions suivantes.

a)   8 - 2 =

b)   9 - 5 =

c)   12 - 3 =

d)   10 - 10 =

e)   8 - 7 =

f)   4 - 2 =

g)   12 - 7 =

h)   8 - 5 =

i)   3 - 2 =

j)   9 - 9 =

k)   21 - 2 =

l)   12 - 2 =

m)   2 - 1 =

n)   7 - 5 =

o)   15 - 9 =

p)   15 - 14 =

Effectue les soustractions suivantes.

a) $20 - 15 =$ _____

b) $19 - 4 =$ _____

c) $29 - 10 =$ _____

d) $12 - 3 =$ _____

e) $15 - 1 =$ _____

f) $22 - 5 =$ _____

g) $8 - 4 =$ _____

h) $7 - 0 =$ _____

Fait un X sur la banane si le résultat est incorrect.

a) 12 - 4 = 7

b) 10 - 5 = 5

c) 21 - 2 = 18

d) 21 - 4 = 17

e) 20 - 10 = 10

f) 12 - 2 = 10

g) 25 - 9 = 0

h) 18 - 10 = 8

i) 17 - 6 = 11

j) 51 - 2 = 48

Remplis les cases.

a) $14 - \boxed{} = 11$

b) $53 - 5 = \boxed{}$

c) $\boxed{} - 9 = 11$

d) $35 - \boxed{} = 30$

e) $22 - 10 = \boxed{}$

f) $\boxed{} - 6 = 3$

g) $18 - \boxed{} = 8$

h) $22 - 7 = \boxed{}$

i) $8 - 8 = \boxed{}$

j) $\boxed{} - 2 = 2$

Remplis les tableaux suivants.

–⮕	1	2	3	4
10				
9				
8				
7				

–⮕	5	6	7	8
10				
15				
20				
25				

–⮕	1	3	5	7
12				
29				
45				
73				

–⮕	2	4	6	8
50				
100				
500				
999				

Effectue les soustractions avec emprunts.

a)
```
  15
-  6
____
```

b)
```
  20
-  2
____
```

c)
```
  32
-  4
____
```

d)
```
  146
-  53
_____
```

e)
```
  92
-  8
____
```

f)
```
  60
-  5
____
```

g)
```
  183
-  16
_____
```

h)
```
  75
-  9
____
```

Relie à l'aide d'un trait chaque problème à la bonne équation et résous cette équation.

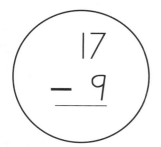

$$\begin{array}{r} 17 \\ -\ 9 \\ \hline \end{array}$$

$$\begin{array}{r} 24 \\ -\ 2 \\ \hline \end{array}$$

$$\begin{array}{r} 24 \\ -\ 0 \\ \hline \end{array}$$

Mathieu se promène sur la plage. Il voit 17 personnes qui se baignent dans la mer. 2 enfants sortent de l'eau. Combien reste-t-il de personnes dans la mer ?

$$\begin{array}{r} 17 \\ -\ 0 \\ \hline \end{array}$$

$$\begin{array}{r} 17 \\ -\ 2 \\ \hline \end{array}$$

Éva a 10 $ dans son portefeuille. Elle achète un crayon à 2 $. Combien d'argent lui reste-t-il ?

$$\begin{array}{r} 10 \\ -\ 2 \\ \hline \end{array}$$

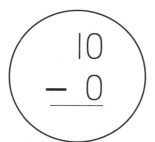

$$\begin{array}{r} 10 \\ -\ 8 \\ \hline \end{array}$$

Marie-Pierre a préparé 24 petits gâteaux. Ses 2 enfants les ont tous mangés. Combien reste-t-il de gâteaux ?

$$\begin{array}{r} 24 \\ -\ 24 \\ \hline \end{array}$$

$$\begin{array}{r} 10 \\ -\ 0 \\ \hline \end{array}$$

$$\begin{array}{r} 17 \\ -\ 3 \\ \hline \end{array}$$

Colorie la bonne opération pour chaque problème.

Mon frère et moi avons mangé toute la pizza. Il y avait 6 pointes et j'ai mangé 2 pointes. Combien mon frère a-t-il mangé de pointes ?

$$6 \; \bigoplus_{\ominus} \; 2 = ?$$

Dans mon jardin il y a 90 tomates. J'ai cueilli 10 tomates pour faire une sauce. Combien reste-t-il de tomates dans mon jardin ?

$$90 \; \bigoplus_{\ominus} \; 10 = ?$$

Dans la ruelle il y a 3 chats et 3 chiens. Combien y a-t-il d'animaux dans ma ruelle ?

$$3 \; \bigoplus_{\ominus} \; 3 = ?$$

Hier, mon cousin Yanick a fait 30 minutes de vélo. Aujourd'hui il a fait 45 minutes de vélo. Combien a-t-il fait de minutes de vélo en 2 jours ?

$$30 \; \bigoplus_{\ominus} \; 45 = ?$$

La maman hirondelle a déposé 8 graines dans le nid pour ses bébés. Ils ont mangé 5 graines. Combien reste-il de graines ?

$$8 \; \bigoplus_{\ominus} \; 5 = ?$$

Voici le prix des articles que Malika et sa maman doivent acheter pour son entrée à la maternelle.

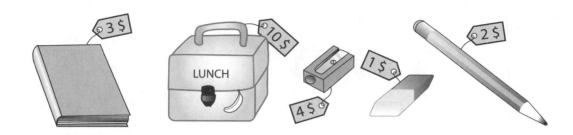

Lis le problème et encercle la bonne équation.

a) Malika achète 2 cahiers et un taille-crayon. Combien cela lui coûte-t-il ?

3 + 2 + 4	3 + 3 + 4

b) Malika a 20 dollars et elle achète une boîte à lunch et un crayon. Combien d'argent lui reste-t-il ?

20 + 10 + 1	20 − 10 − 1

c) Malika achète 2 taille-crayons et 2 gommes à effacer. Combien devra-t-elle débourser pour les 2 taille-crayons ?

4 + 4 + 1 + 1	4 + 4

d) Malika a 50 dollars. Elle achète tous les articles. Combien d'argent lui restera-t-il ?

50 − 2 − 3 − 1 − 10 − 4	2 + 3 + 1 + 10 + 4

Résous les problèmes suivants.

Raphael a acheté 2 livres à 5 dollars chacun et un bloc-notes à 2 dollars. Combien cela lui a-t-il coûté ?

Démarche :

Réponse : Cela lui a coûté _____ $.

Gabrielle joue avec 3 voitures et 2 camions sur le tapis de sa chambre. Sur tous ces véhicules, combien peut-on compter de roues en tout ?

Démarche :

Réponse : Il y a _____ roues en tout.

Résous les problèmes suivants.

Valentin fait de la plongée. Il voit 3 poissons clown, 2 étoiles de mer, 4 poissons-marteau et 2 bouteilles de verre. Combien voit-il de poissons en tout ?

Démarche :

Réponse : Il voit _____ poissons en tout.

Abdul marche 30 minutes tous les matins pour aller au travail. Combien de minutes marche-t-il après 3 jours ?

Démarche :

Réponse : Abdul marche _____ minutes après 3 jours.

Définition : Une fraction est une partie d'un tout.

Voici quelques fractions :

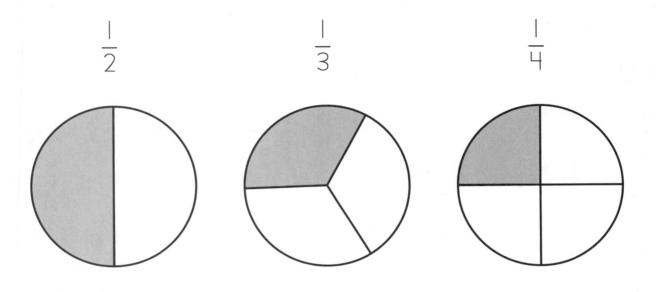

$$\frac{1}{2} \qquad \frac{1}{3} \qquad \frac{1}{4}$$

Numérateur
Le nombre de
parties utilisées

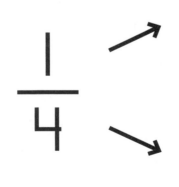

On appelle le chiffre
du haut le
NUMÉRATEUR.

Dénominateur
Le nombre de
parties en tout

On appelle le chiffre
du bas le
DÉNOMINATEUR.

Entoure la bonne réponse.

a) Edwin a mangé la moitié de la pizza.

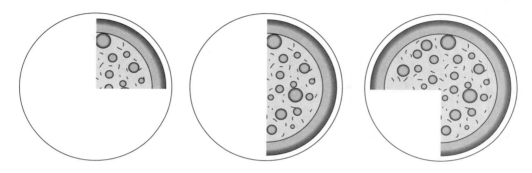

b) Magalie a mangé le quart de la pizza.

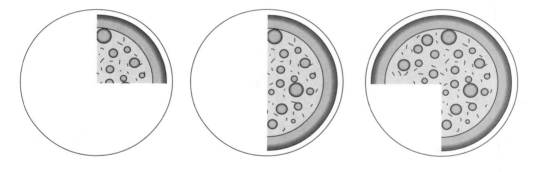

c) Gaspard a mangé le tiers de la pizza.

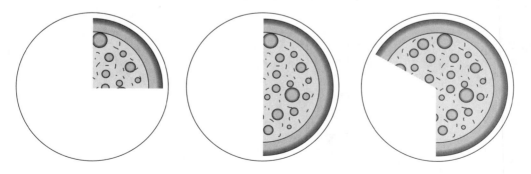

Sépare chaque forme en 2 parties égales.

Sépare chaque forme en 4 parties égales.

Fais un X sur le dessin qui contient une erreur.

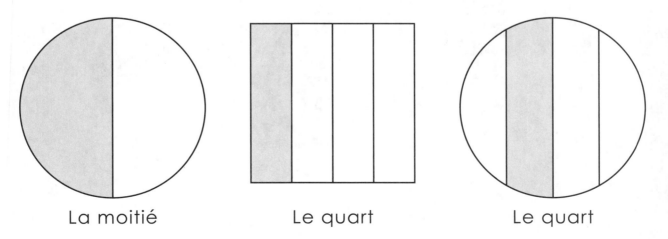

La moitié   Le quart   Le quart

Colorie la moitié des fraises.

Colorie le quart des pommes.

Colorie le tiers des bananes.

Colorie la moitié des poissons en rouge et le quart des araignées en noir.

93

Noëlla se prépare à faire une salade de fruits.

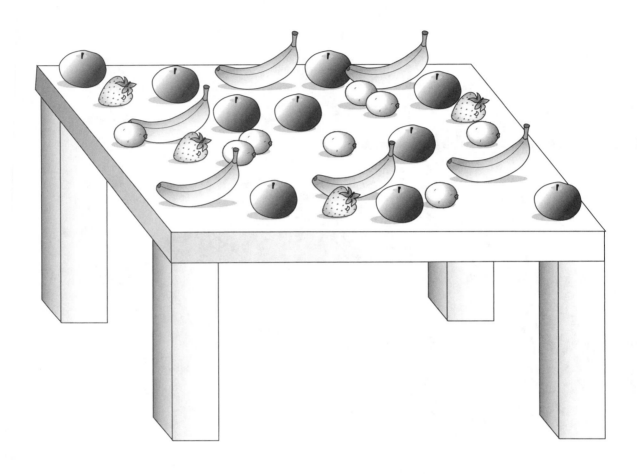

a) Combien y a-t-il de pommes ? _____

b) Combien y a-t-il de kiwis ? _____

c) Combien y a-t-il de bananes ? _____

d) Combien y a-t-il de fraises ? _____

e) Combien y a-t-il de fruits en tout ? _____

Écris en chiffres et en lettres le nombre représenté.

Exemple :

_____2_____  _____deux_____

a) _____  _____

b) _____  _____

c) _____  _____

d) _____  _____

e) _____  _____

f) _____  _____

Place le bon symbole.

<, > ou =

a)   101   ☐   cent

b) quatorze   ☐   14

c)   37   ☐   73

d)   103   ☐   113

e)   dix-neuf   ☐   79

f)   0   ☐   10

g)   450   ☐   405

h)   80   ☐   soixante-dix

Effectue les opérations suivantes.

a)
$$140 + 99$$

b)
$$18 + 12$$

c)
$$37 + 5$$

d)
$$42 - 11$$

e)
$$160 - 22$$

f)
$$749 + 151$$

g)
$$305 - 104$$

h)
$$74 - 15$$

Ajoute le terme manquant.

a) $2 + \boxed{} = 12$

b) $\boxed{} + 5 = 9$

c) $10 + 10 = \boxed{}$

d) $9 + \boxed{} = 28$

e) $\boxed{} + 3 = 9$

f) $15 - 5 = \boxed{}$

g) $99 - \boxed{} = 90$

h) $\boxed{} - 30 = 6$

i) $64 - \boxed{} = 18$

j) $300 - 12 = \boxed{}$

Place les tortues dans l'ordre croissant.

a)

b)

Place les tortues dans l'ordre décroissant.

a)

b)

Fais des groupements de 10.

a) Combien y a-t-il de fleurs ?

◯ fleurs

b) Combien y a-t-il de camions ?

◯ camions

c) Combien y a-t-il de dizaines dans le nombre illustré ?

◯ dizaines

d) Combien y a-t-il de centaines dans le nombre illustré ?

◯ centaines

Résous les problèmes suivants.

a) Lison a accumulé 603 points en jouant à un jeu vidéo de course automobile. Son fils Félix a accumulé 399 points. Combien Lison a-t-elle fait de points de plus que Félix ?

Démarche :

b) Rosalie se promène dans la forêt. Elle voit 12 hirondelles, 4 moineaux, 7 pic-bois et un aigle. Combien a-t-elle vu d'oiseaux en tout ?

Démarche :

Pour mesurer la longueur d'un trait ou d'un objet, on peut utiliser :

Le **mètre** : On écrit **m** pour mètre.

Le **décimètre** : On écrit **dm** pour décimètre.

Le **centimètre** : On écrit **cm** pour centimètre.

Le **millimètre** : On écrit **mm** pour millimètre.

⊢	I mm
⊢——⊣	I cm
⊢————————————————————————⊣	I dm

Observe les encadrés ci-dessous pour découvrir les relations entre les unités de mesure.

I m = 1000 mm	I cm = 10 mm	I dm = 10 cm
100 cm	10 cm = I dm	100 mm
10 dm	100 cm = I m	10 dm = I m

➡️ Pour mesurer une ligne ou un objet, on utilise souvent une règle graduée en centimètres et en millimètres.

Voici les étapes à suivre :

1) On place la règle le long de l'objet à mesurer.

On s'assure que la petite ligne du zéro soit bien alignée avec une des extrémités de l'objet.

L'extrémité du marteau est placée exactement sur la ligne du zéro.

2) On lit le nombre de centimètres qui se trouvent à l'autre bout, à l'autre extrémité de l'objet à mesurer.

On lit 4 cm.
Le marteau mesure 4 cm.

➡️ Pour estimer une mesure, on doit avoir quelques repères :

I **mètre**	I **décimètre**	I **centimètre**
c'est environ la hauteur de :	c'est environ la longueur de :	c'est environ la largeur de :

Exemple :
Estime la mesure de cette bouteille en centimètres.

Je peux placer environ 4 dés à côté de cette bouteille. Cette bouteille mesure donc environ 4 cm.

Découpe sur le pointillé le poisson au bas de la page.
C'est ton unité de mesure. Mesure la longueur de chaque
canne à pêche.

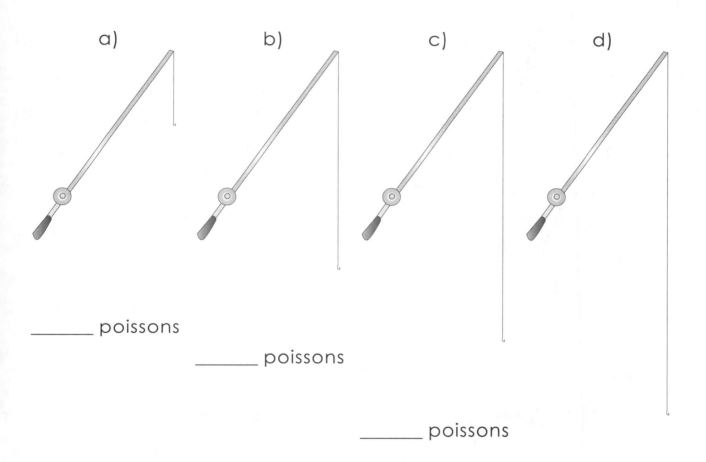

a)

b)

c)

d)

_____ poissons

_____ poissons

_____ poissons

_____ poissons

Encercle sous chaque animal l'unité de mesure (dé, flûte, corps) que tu utiliserais pour le mesurer dans la réalité.

a)

dé   flûte   ton corps

b)

dé   flûte   ton corps

c)

dé   flûte   ton corps

d)

dé   flûte   ton corps

e)

dé   flûte   ton corps

f)

dé   flûte   ton corps

g)

dé   flûte   ton corps

h)

dé   flûte   ton corps

À l'aide de ta règle, mesure les différentes habitations que l'on trouve dans le monde.

a)

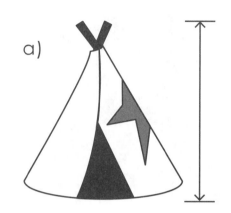

Réponse : _____ cm

b)

Réponse : _____ cm

c)

Réponse : _____ cm

d)

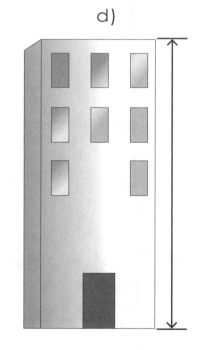

Réponse : _____ cm

e)

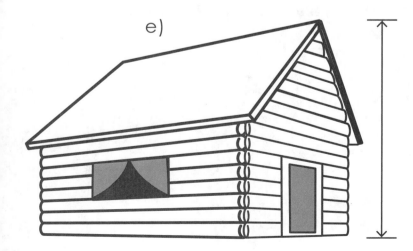

Réponse : _____ cm

107

Colorie en rouge les objets qui mesurent moins d'un mètre dans la réalité.

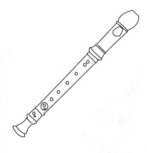   

Fais un X sur les objets qui mesurent plus d'un mètre dans la réalité.

Encercle les objets qui mesurent environ un décimètre dans la réalité.

 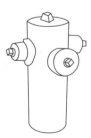 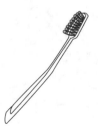 

Trace en bleu le chemin le plus long pour se rendre au château.

a)

b)

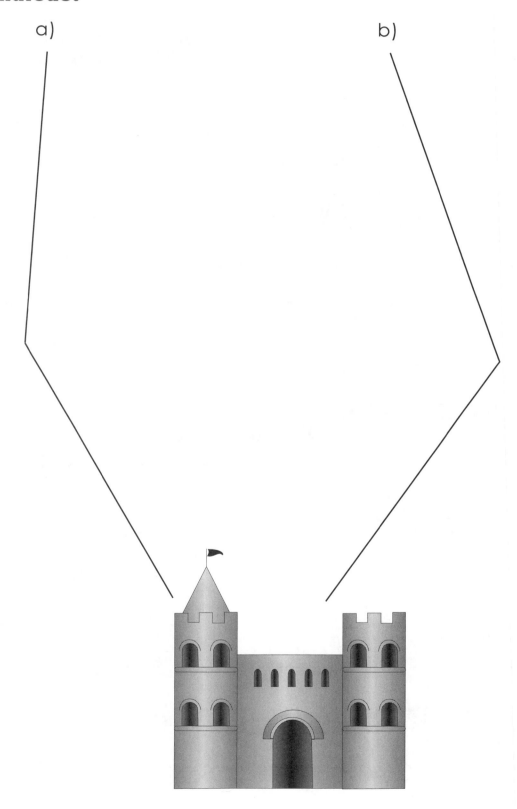

Pour chaque crayon estime et mesure la longueur en centimètres.

	Estimation	Mesure
	_____ cm	_____ cm
	_____ cm	_____ cm
	_____ cm	_____ cm
	_____ cm	_____ cm
	_____ cm	_____ cm
	_____ cm	_____ cm
	_____ cm	_____ cm

Encercle l'unité de mesure la plus appropriée pour mesurer:

La hauteur d'une lampe de table	**dm**	**m**
La largeur de ta maison	**dm**	**m**
La longueur d'un terrain	**dm**	**m**
La longueur d'une gomme à effacer	**cm**	**dm**
La longueur d'un cellulaire	**cm**	**dm**
La hauteur d'un chien	**cm**	**dm**
La hauteur d'un pupitre	**cm**	**dm**
La longueur d'un camion	**dm**	**m**
L'épaisseur de ce livre de mathématiques	**cm**	**dm**

Les 12 mois de l'année

Janvier	Février	Mars	Avril
Mai	Juin	Juillet	Août
Septembre	Octobre	Novembre	Décembre

Les 4 saisons

Hiver	Printemps	Été	Automne

Les jours de la semaine

Dimanche   **L**undi   **M**ardi   **M**ercredi   **J**eudi   **V**endredi   **S**amedi

Voici quelques équivalences :

1 minute	1 heure	1 journée	7 jours	1 année
↓	↓	↓	↓	↓
60 secondes	60 minutes	24 heures	1 semaine	12 mois

L'heure

La petite aiguille indique les heures.

La grande aiguille indique les minutes.

Heure « juste »

Quand la grande aiguille est sur le chiffre 12.

Il est 10 h.

Demi-heure

Quand la grande aiguille est sur le chiffre 6.

Il est 10 h 30
ou
10 heures et demi.

Quart d'heure

Quand la grande aiguille est sur le chiffre 3.

Il est 10 h 15
ou
10 heures
et quart.

L'avant-midi et l'après-midi

La position des aiguilles est la même pour 2 h et pour 14 h.

L'après-midi et le soir, on doit ajouter 12 heures à l'heure indiquée.

Il y a 12 mois dans l'année. Complète la liste ci-dessous.

1. janvier   2. février   3. _____

4. _____   5. mai   6. _____

7. _____   8. _____   9. _____

10. octobre   11. _____   12. _____

Quelles sont les 4 saisons?

Printemps   _____   _____   _____

Quels sont les 7 jours de la semaine?

LUNDI _____ _____ JEUDI _____ _____ _____

Écris l'heure sous chaque horloge. Attention, ce sont des heures de l'avant-midi.

a)

Rép. : _____

b)

Rép. : _____

c)

Rép. : _____

d)

Rép. : _____

e)

Rép. : _____

f)

Rép. : _____

g)

Rép. : _____

h)

Rép. : _____

i)

Rép. : _____

j)

Rép. : _____

k)

Rép. : _____

l)

Rép. : _____

Choisis l'unité de temps qu'il faut pour faire chacune de ces activités.

	secondes	minutes	heures	jours
Ouvrir une porte				
Partir en voyage				
Chanter une chanson				
Lire un livre				
Regarder un film				
Manger un bleuet				
Bâtir une maison				
Lire le mot « Merci »				

Ajoute les aiguilles aux horloges.

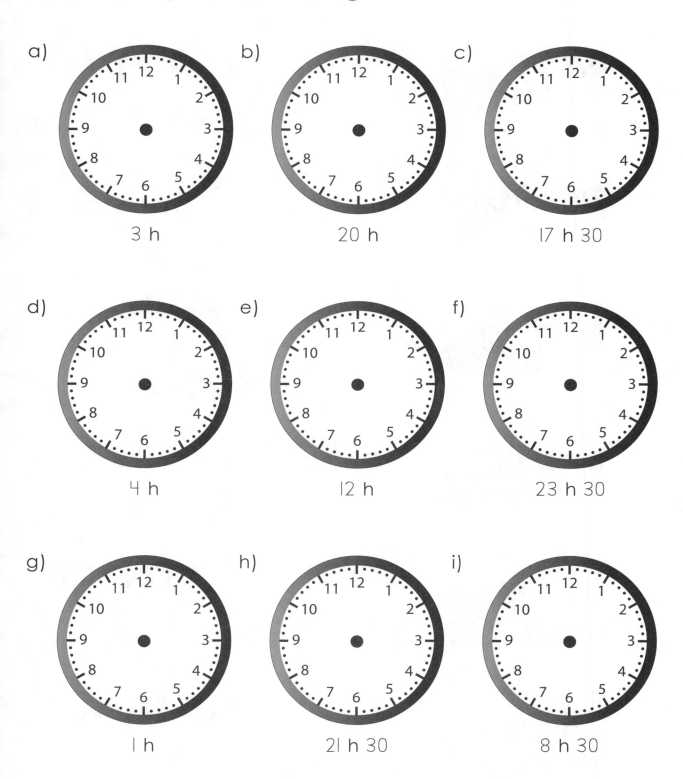

a) 3 h

b) 20 h

c) 17 h 30

d) 4 h

e) 12 h

f) 23 h 30

g) 1 h

h) 21 h 30

i) 8 h 30

Associe chaque cadran à la bonne horloge.

Complète les phrases à l'aide de la banque de mots.

| l | l0 | 20 | centimètres | décimètres |

a) Il y a [   ] cm dans l décimètre.

b) Dans l mètre, il y a l0 [   ].

c) Dans l décimètre, il y a l0 [   ].

d) Dans [   ] mètre, il y a l00 cm.

e) Ce livre de mathématiques mesure environ 2 [   ] de largeur.

f) Ce livre de mathématiques mesure environ [   ] centimètres de largueur.

Mesure chaque ligne à l'aide de ta règle.

a) _____ cm

b) _____ cm

c) _____ cm

d) _____ cm

e) _____ cm

f) _____ cm

Relie à l'aide d'un trait chaque activité à une heure de la journée.

7 h

Midi

18 h

3 h

10 h

À droite

À gauche

Sous

Sur

Devant

Derrière

À l'intérieur

À l'extérieur

Lis chaque énoncé et dessine l'araignée au bon endroit.

a) Je suis sur la table.

b) Je suis à gauche de la table.

c) Je suis devant l'arbre.

d) Je suis à l'extérieur de la boîte.

e) Je suis en haut de l'arbre.

f) Je suis sous la table.

g) Je suis à l'intérieur de la boîte.

h) Je suis à droite de l'arbre.

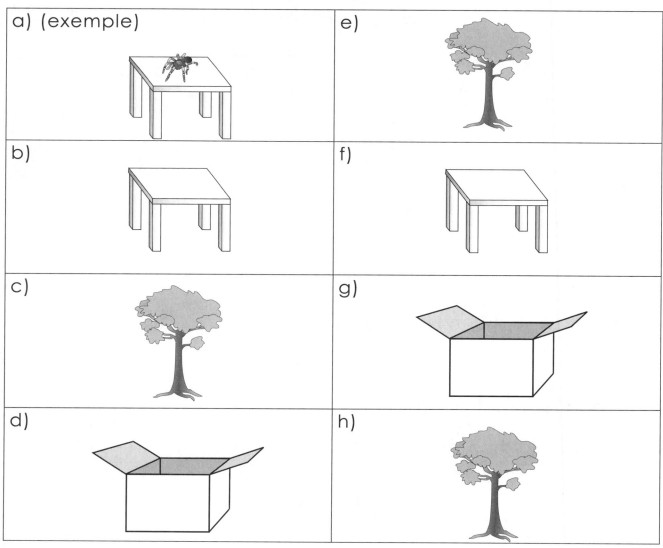

a) (exemple)

b)

c)

d)

e)

f)

g)

h)

Lis les consignes et complète l'image.

a) Dessine un autre arbre à droite du pommier.

b) Dessine un lapin entre les deux arbres.

c) Ajoute un soleil en haut du pommier.

d) À gauche du soleil, dessine deux oiseaux qui volent.

e) En bas de la montagne à droite, dessine une fleur.

Colorie la bonne réponse.

a) Où est l'écureuil ?

| sur la corde | | sous la corde |

b) Que voit-on entre l'arbre et la table de pique-nique ?

| vêtements | | tente |

c) Où se situe le papa ?

| devant la tente | | derrière la tente |

d) Qui voit-on à droite de la maman ?

| La fillette | | Le papa |

e) Quel insecte se trouve sous la table ?

| araignée | | fourmi |

Plan : Un plan peut être la représentation graphique d'un village, des rues d'une ville, de l'intérieur d'une école, de l'endroit où se cache un trésor etc.

Voici le plan d'un centre commercial et le plan d'un quartier :

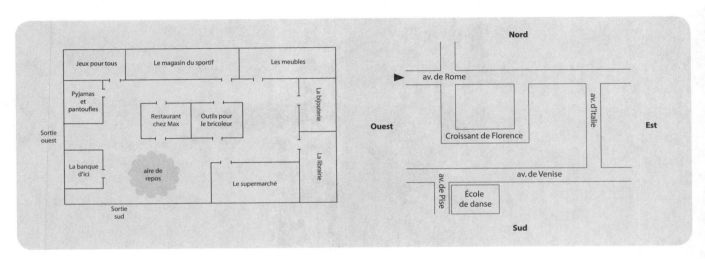

Comment s'orienter dans un plan ?

Exemple 1 :

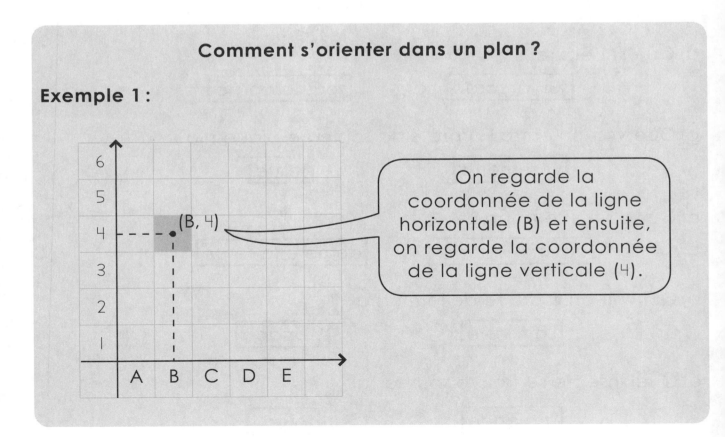

On regarde la coordonnée de la ligne horizontale (B) et ensuite, on regarde la coordonnée de la ligne verticale (4).

REPÉRAGE DANS UN PLAN

Aide bébé ours à retrouver la bonne maman dans la forêt en suivant les consignes. Quand tu as trouvé maman ourse encercle-la.

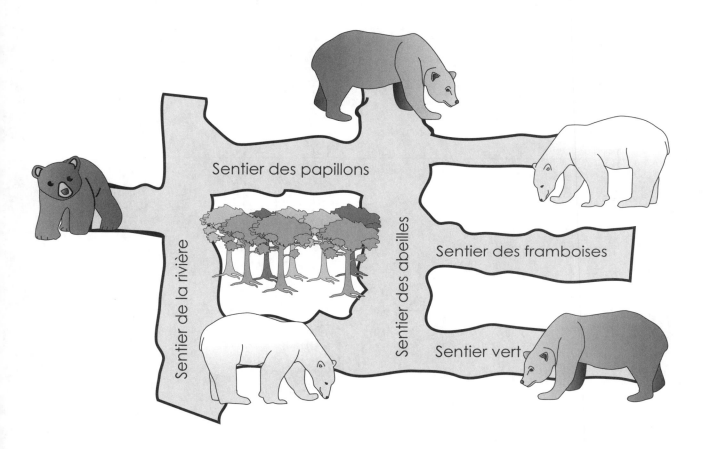

a) Il tourne à gauche sur le Sentier de la rivière.

b) Il tourne à droite sur le Sentier des papillons.

c) Il tourne à droite sur le Sentier des abeilles et il se rend jusqu'au Sentier vert.

d) Il tourne à gauche sur le Sentier vert.

Complète les droites numériques.

a)

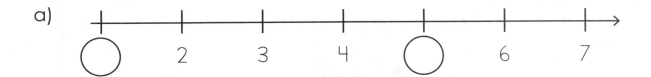

b)

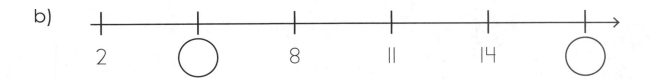

c)

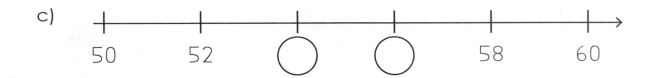

d)

e)

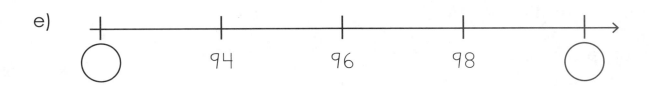

Effectue les tâches demandées.

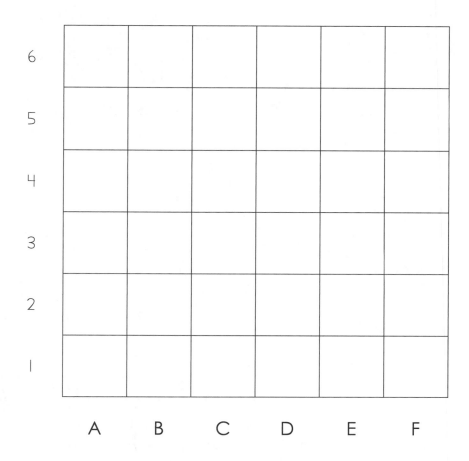

a) Dessine un soleil dans la case B2.

b) Dessine une étoile dans la case C5.

c) Dessine un nuage dans la case D4.

d) Dessine un cœur dans la case E6.

e) Dessine une épée dans la case F2.

Voici quelques figures planes :

Le carré

Le rectangle

Le cercle

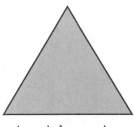

Le triangle

Le losange

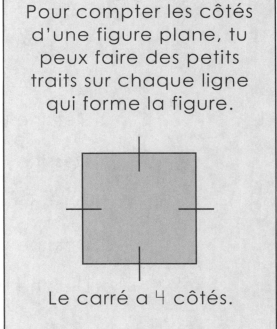

Pour compter les côtés d'une figure plane, tu peux faire des petits traits sur chaque ligne qui forme la figure.

Le carré a 4 côtés.

Pour chaque figure, écris son nom et le nombre de côtés.

Nom : _____

Côtés : _____

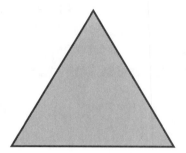

Nom : _____

Côtés : _____

Nom : _____

Côtés : _____

Nom : _____

Côtés : _____

Colorie :

> – en vert les carrés ;
> – en bleu les triangles ;
> – en rouge les cercles ;
> – en jaune les rectangles ;
> – en mauve les losanges.

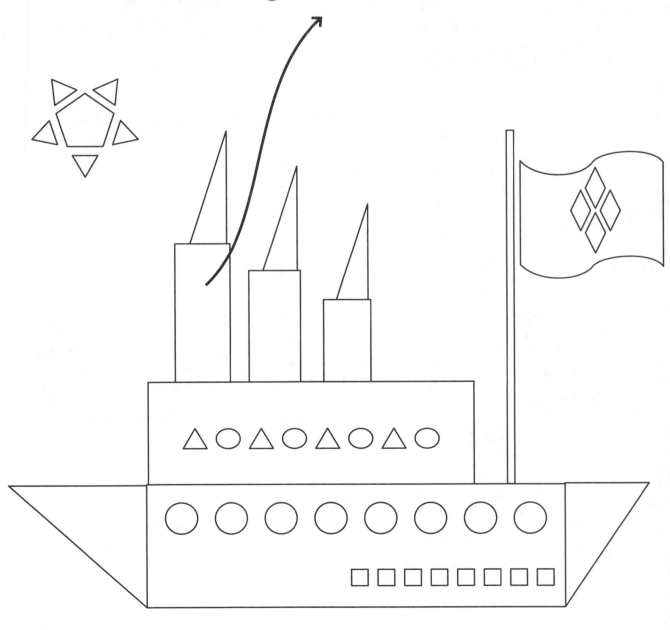

Relie à l'aide d'un trait chaque objet à une des figures planes.

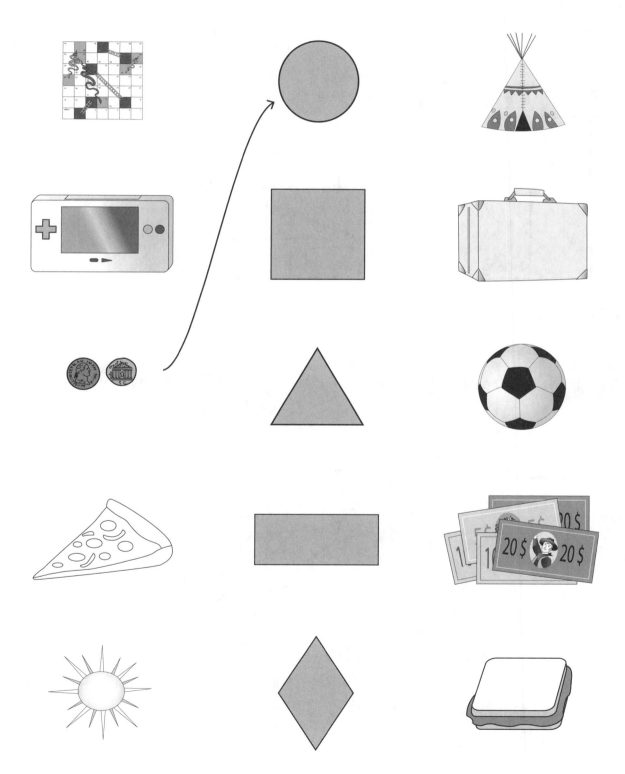

Compte le nombre de figures à 4 côtés dans l'illustration.

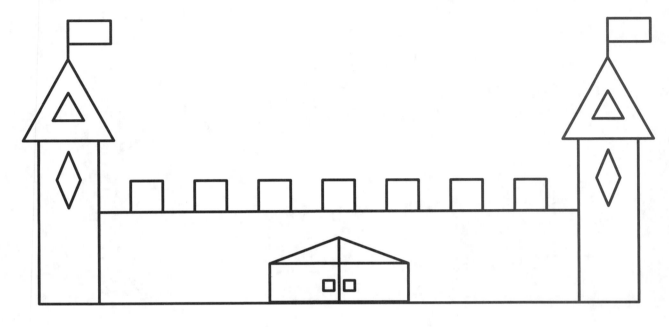

Réponse : _____

Compte le nombre de triangles dans l'illustration.

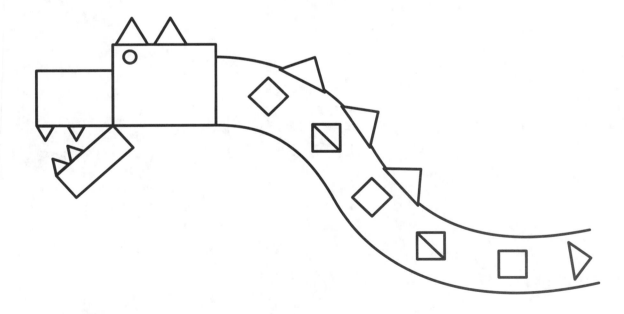

Réponse : _____

Complète chaque figure plane.

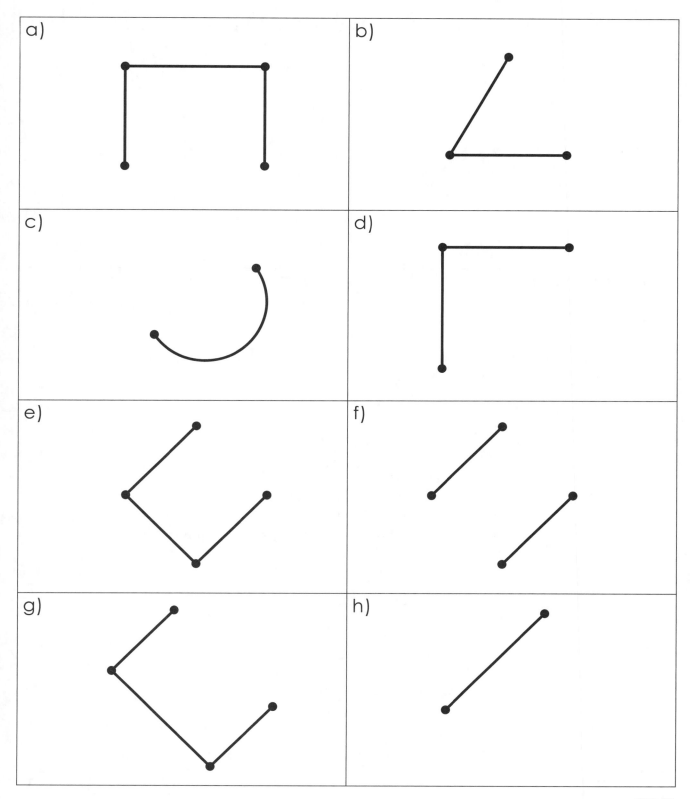

Exécute les consignes demandées.

a) Dessine un carré.	b) Dessine une figure à 3 côtés.
c) Dessine un rectangle.	d) Dessine un petit cercle et un plus grand cercle.
e) Dessine une figure à 4 côtés.	f) Dessine un losange.

Un solide est une figure fermée à trois dimensions.

LES SOLIDES

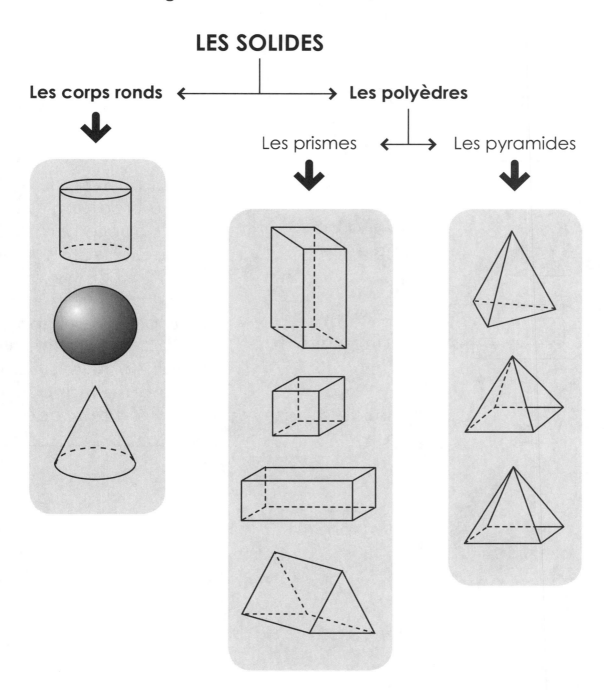

Les corps ronds ← → **Les polyèdres**

Les prismes ← → Les pyramides

Quelques solides

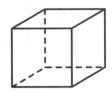 Cube

 Prisme à base carrée

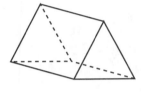 Prisme à base triangulaire

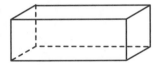 Prisme à base rectangulaire

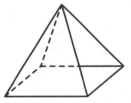 Pyramide à base carrée

Si la base de la pyramide est un rectangle, on l'appelle pyramide à base rectangulaire. Si c'est un hexagone, on l'appelle pyramide à base hexagonale. Si c'est un triangle, on l'appelle pyramide à base triangulaire ou tétraède.

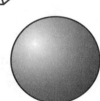 Boule (sphère)

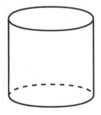 Cylindre

 Cône

Écris les informations demandées pour chaque polyèdre.

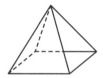

Nom : _____

Nom : _____

Nom : _____

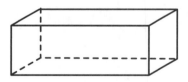

Nom : _____

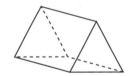

Nom : _____

Nom : _____

Nom : _____

Nom : _____

Pour chaque solide, encercle les figures planes qui ont été utilisées pour sa construction.

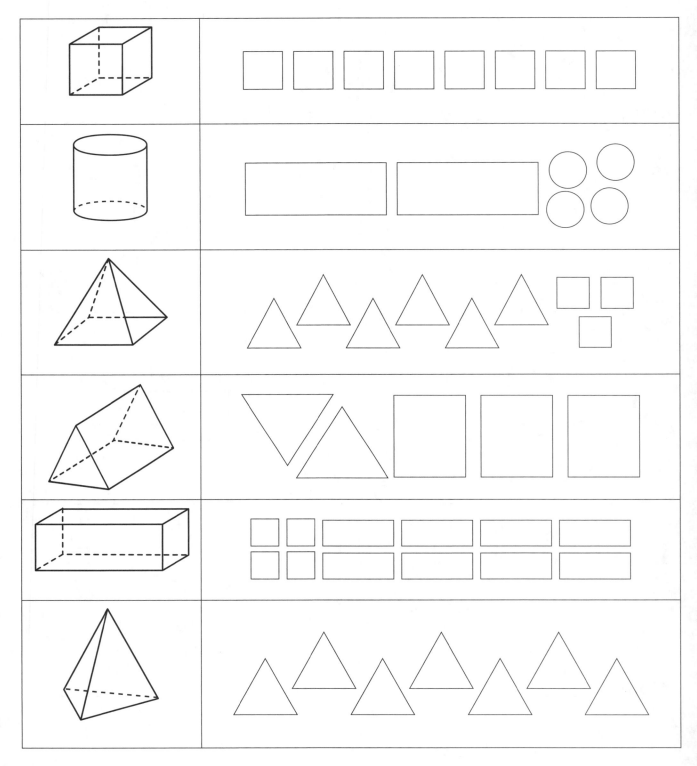

Encercle les objets qui te font penser au solide représenté.

Colorie en rouge les solides qui peuvent rouler.

Colorie en vert les solides qui peuvent glisser.

Fais un X sur les solides qui peuvent rouler et glisser.

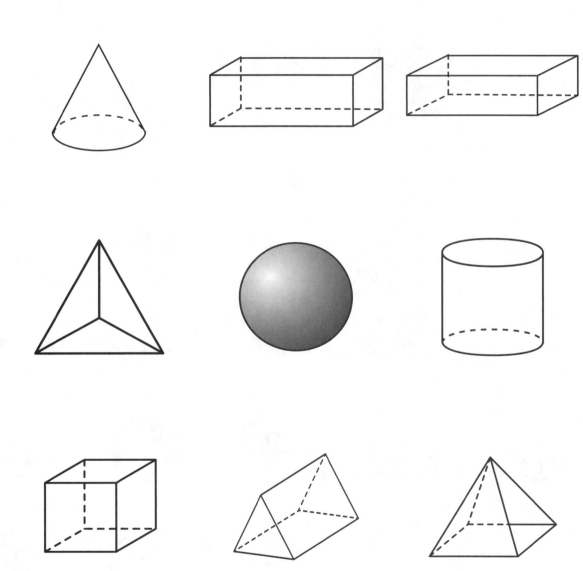

Relie chaque solide à son développement.

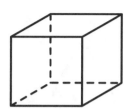

•

•

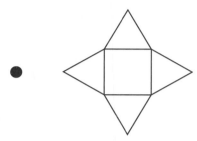

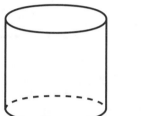

•

•

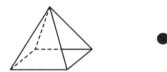

•

•

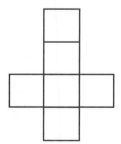

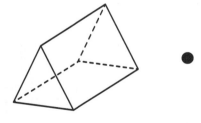

•

•

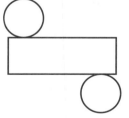

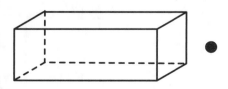

•

•

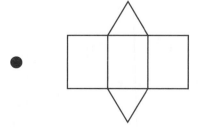

143

Relie chaque solide à la bonne boîte à l'aide d'un trait.

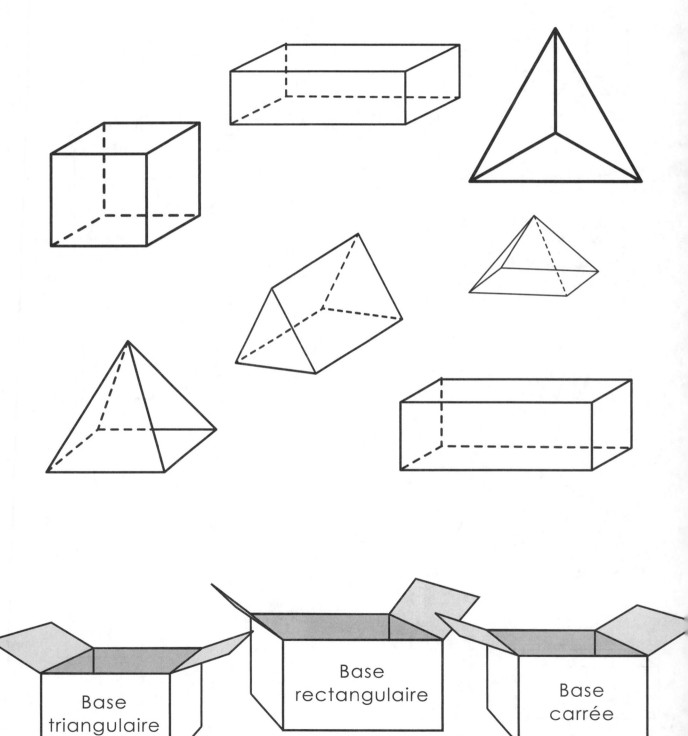

Base triangulaire

Base rectangulaire

Base carrée

Voici le château de Maïa. Compte le nombre de solides qu'elle a utilisés pour sa construction.

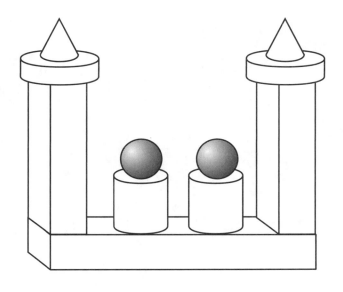

_____	sphères
_____	pyramides à base carrée
_____	prismes à base carrée
_____	cubes
_____	cylindres
_____	cônes

Voici le château de Malika. Compte le nombre de solides qu'elle a utilisés pour sa construction.

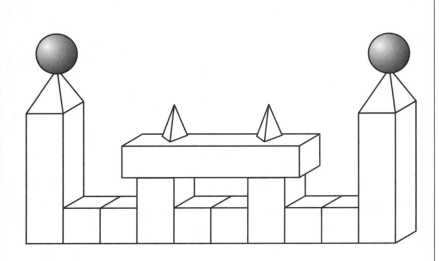

_____	prismes à base carrée
_____	pyramides à base carrée
_____	sphères
_____	prisme a base rectangulaire
_____	pyramides à base triangulaire
_____	cubes

Dessine ou écris le nom d'un objet de la vie courante qui te fait penser à un cône.

Dessine ou écris le nom d'un objet de la vie courante qui te fait penser à un cube.

Dessine ou écris le nom d'un objet de la vie courante qui te fait penser à une pyramide à base carrée.

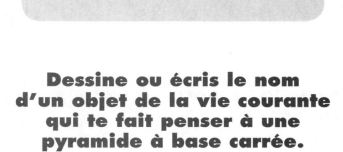

Dessine ou écris le nom d'un objet de la vie courante qui te fait penser à un cylindre.

Complète le tableau. Écris le nom du solide ou dessine-le selon le cas.

	![cube]
	![pyramide triangulaire]
	![sphère]
	![prisme rectangulaire]
	![prisme triangulaire]
Cylindre	
Cône	
	![pyramide]

147

Ligne courbe et fermée

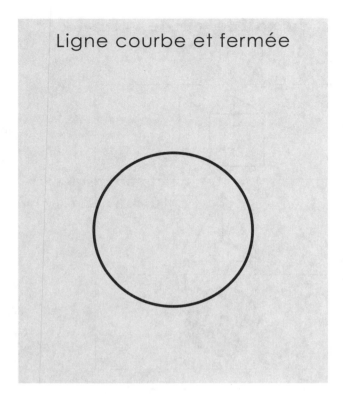

Ligne courbe et ouverte

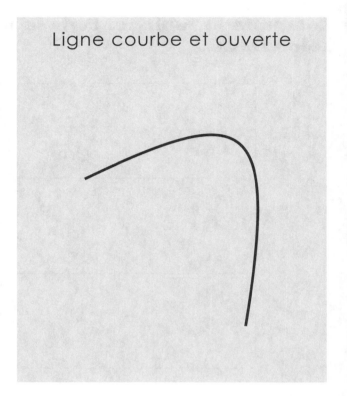

Ligne brisée et fermée

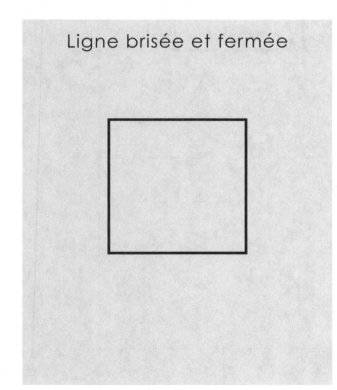

Ligne brisée et ouverte

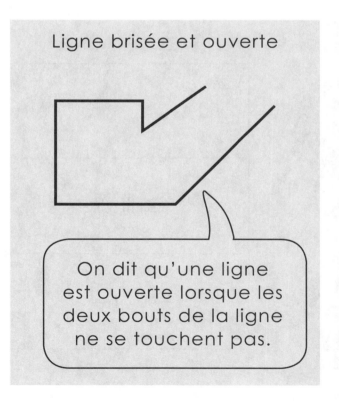

On dit qu'une ligne est ouverte lorsque les deux bouts de la ligne ne se touchent pas.

Observe les lignes et fais un X au bon endroit dans le tableau.

	Ligne courbe et ouverte	Ligne courbe et fermée	Ligne brisée et ouverte	Ligne brisée et fermée
(ellipse)				
(triangle)				
(forme en U)				
(spirale)				
(étoile)				
(ligne brisée)				
(ligne courbe)				

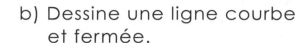
Lis et exécute les consignes.

a) Dessine une ligne brisée et ouverte.

b) Dessine une ligne courbe et fermée.

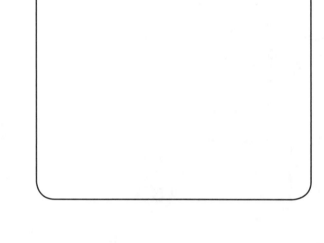

c) Dessine une ligne courbe et ouverte.

d) Dessine une ligne brisée et fermée.

Lis les énoncés et encercle la bonne réponse.

SUR LE DESSIN :

a) Les vagues sont des lignes courbes et ouvertes.   VRAI   FAUX

b) Les rayures sur le poisson sont des lignes
brisées et fermées.   VRAI   FAUX

c) L'étoile est une ligne courbe et fermée.   VRAI   FAUX

d) Les rayons du soleil sont des lignes courbes
et ouvertes.   VRAI   FAUX

e) La boule du soleil est une ligne courbe
et fermée.   VRAI   FAUX

f) Il n'y a aucune ligne brisée et fermée sur
ce dessin.   VRAI   FAUX

Frise : Une frise est une bande continue sur laquelle on peut voir un motif qui se répète de façon régulière et ordonnée.

Voici 2 exemples de frises :

Dallage : Un dallage est le recouvrement d'un plan à l'aide de figures géométriques sans superposition et sans espace libre.

Voici deux exemples de dallage :

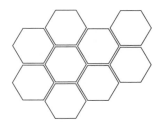

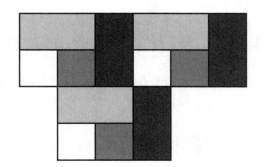

Complète les frises suivantes.

a)

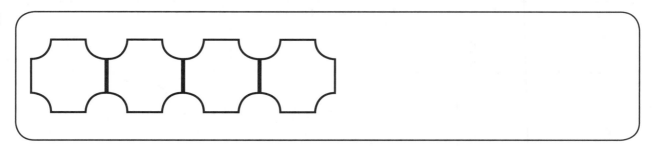

b)

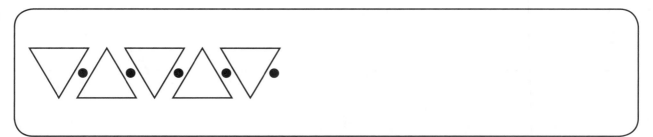

c)

d)

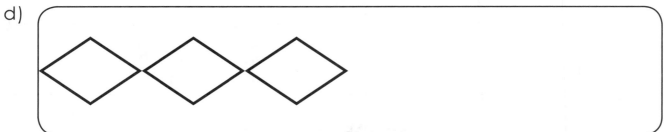

Colorie le dallage en respectant le code de couleurs.

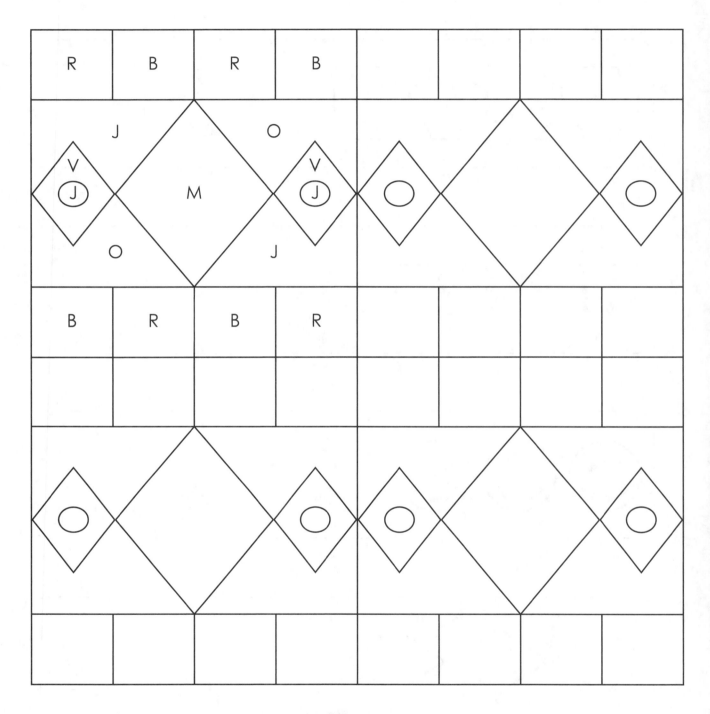

CODE DE COULEURS

B = BLEU	J = JAUNE	M = MAUVE
R = ROUGE	O = ORANGÉ	V = VERT

Invente une frise de ton choix à l'aide des figures
géométriques suivantes.

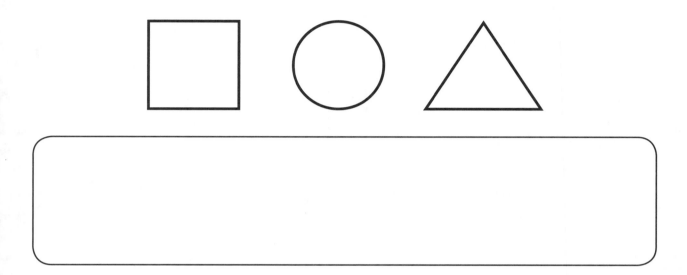

Invente une autre frise de ton choix à l'aide des figures
suivantes.

Dessine les figures demandées.

a)

Carré

b)

Losange

c)

Triangle

d)

Rectangle

e)

Cercle

f)

Figure à 3 côtés

Complète le tableau suivant.

Nom du solide	Dessin du solide	Nombre de faces	Roule ou glisse
Cylindre		3	Roule et glisse
Cône		2	
Sphère		1	Roule

Indique pour chaque tigre si ses rayures sont faites de :

A Lignes brisées

B Lignes brisées et courbes

C Lignes courbes

Réponse : _____

Réponse : _____

Réponse : _____

Réponse : _____

Réponse : _____

Réponse : _____

Complète le tableau suivant.

Nom de la figure	Dessin de la figure	Nombre de côtés
	▲	
Cercle		X
	▬	
Carré		
	◆	

DIAGRAMME À BANDES : Les diagrammes à bandes sont utilisés pour représenter les résultats d'un sondage ou d'autres données.

CARACTÉRISTIQUES :

► Les bandes peuvent être horizontales ou verticales.

► La longueur des bandes varie en fonction de leur valeur. Ce qu'il faut se rappeler, c'est que plus la bande est longue, plus la valeur est grande.

► La distance entre les bandes doit être la même ; les bandes ne sont pas collées.

Voici deux exemples de diagrammes à bandes :

Diagramme à bandes verticales

Nombre d'élèves inscrits aux cours de danse

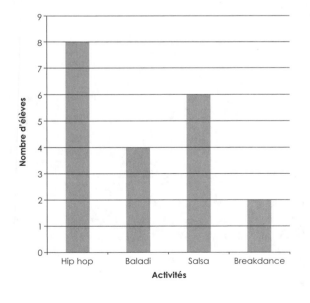

Diagramme à bandes horizontales

Langues parlées dans la classe de Monsieur Said

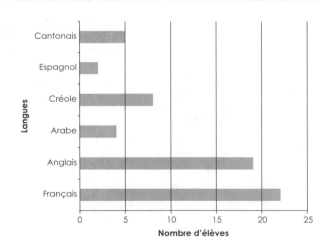

Bernard a amassé différentes billes au concours de billes de l'école. Voici les billes qu'il a gagnées et leur valeur en points.

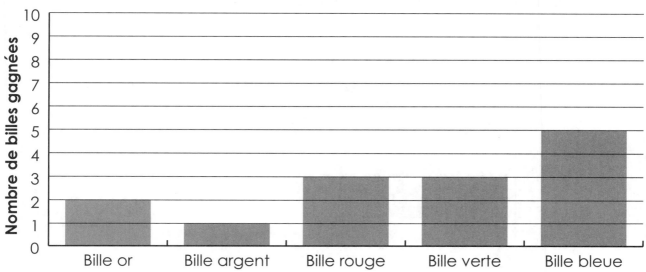

Billes gagnées par Bernard au concours de billes

Réponds aux questions suivantes.

a) Combien de billes or Bernard a-t-il gagnées ? _____

b) Combien de billes bleues a-t-il gagnées ? _____

c) Combien de billes argent a-t-il gagnées ? _____

d) Combien de billes rouges a-t-il gagnées ? _____

e) Combien de billes a-t-il gagné en tout ? _____

Les élèves de la classe de Marguerite proviennent de différents pays. Observe le diagramme à bandes et réponds aux questions.

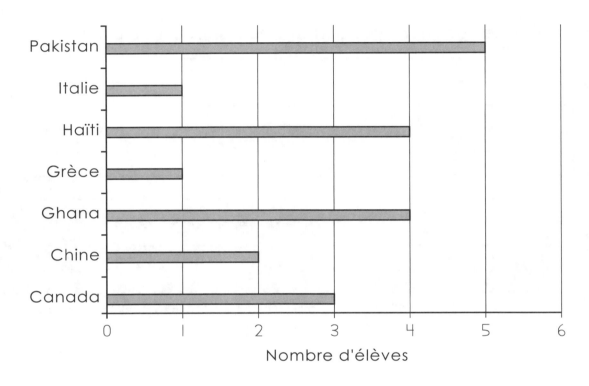

Nombre d'élèves

a) Combien y a-t-il d'Haïtiens dans
la classe de madame Marguerite ? _____

b) Combien y a-t-il d'élèves qui proviennent
de la Chine et de la Grèce au total ? _____

c) De quel pays le plus grand nombre
d'élèves proviennent ? _____

d) Vrai ou faux ? Il y a plus d'élèves canadiens
que d'élèves ghanéens. _____

e) Combien y a-t-il d'élèves en tout dans
la classe de madame Marguerite ? _____

DIAGRAMME À PICTOGRAMMES : Les diagrammes à pictogrammes sont utilisés pour représenter les résultats d'un sondage ou d'autres données.

CARACTÉRISTIQUES :

► Chaque pictogramme représente une quantité.

► Les pictogrammes sont des dessins signifiants et en lien avec le sujet du diagramme.

Voici un exemple de diagramme à pictogrammes :

**Nombre de jours de pluie à La Reine
pendant les mois de juin, juillet, août et septembre 2012**

DiAGRAMME À PICTOGRAMMES

Cette année, plusieurs animaux ont eu des bébés au zoo.
Observe le diagramme à pictogrammes et réponds
aux questions.

Nombre de bébés

a) Maman ourse a eu combien de bébés? _____

b) Qui a eu 4 bébés? _____

c) Qui a eu le plus de bébés? _____

d) Quels sont les deux animaux qui ont
   eu le moins de bébés? _____

e) Vrai ou faux? Il est né 2 fois plus de chatons que de lionceaux? _____

**Vanessa a fait une promenade dans la forêt aujourd'hui.
Voici les oiseaux qu'elle a pu observer.**

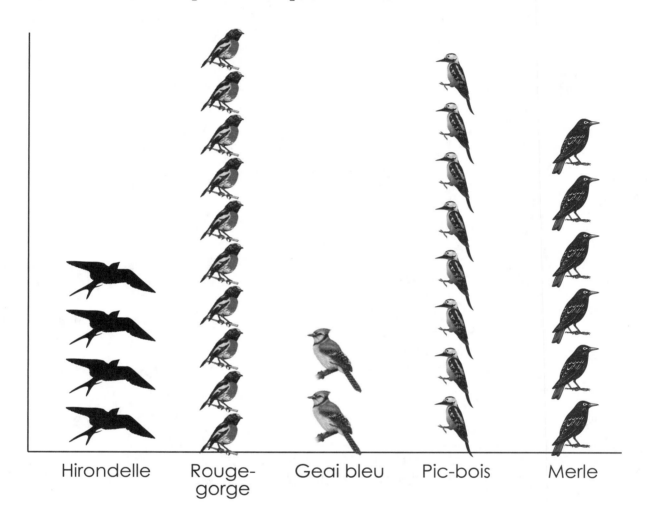

| Hirondelle | Rouge-gorge | Geai bleu | Pic-bois | Merle |

Réponds aux questions suivantes.

a) Combien a-t-elle pu observer de rouges-gorges ? _____

b) Combien a-t-elle pu observer de merles ? _____

c) Combien a-t-elle pu observer d'oiseaux en tout ? _____

d) Y avait-il plus d'hirondelles ou de geais bleus ? _____

e) Quel est l'oiseau que Vanessa a vu le plus souvent ? _____

TABLEAU : Les tableaux permettent de représenter de façon claire des données ou les résultats d'une enquête. Ces informations sont placées en lignes ou en colonnes.

Voici 2 tableaux différents :

Jus préférés des enfants du camp Wapi	
Orange	8
Ananas	9
Pomme	5
Mangue	2
Raisin	10

Un tableau complet contient un titre qui est en lien avec les informations présentées.

Nombre d'élèves inscrits aux activités parascolaires				
	Danse	Guitare	Chant	Peinture	Soccer
Garçons	5	6	9	5	14
Filles	12	6	4	8	13

Cinq (5) enfants ont une collection de pierres. Observe le tableau et réponds aux questions.

Nom de l'enfant	Nombre de pierres
Liana	46
Suhana	70
Stéphane	25
Marie	34
Frantz	51

a) Combien Marie a-t-elle de pierres dans sa collection ? _____

b) Qui a le plus de pierres ? _____

c) Qui a le moins de pierres ? _____

d) Vrai ou faux ? Frantz a 5 pierres de plus que Liana. _____

e) Combien de pierres les enfants ont-ils en tout ? _____

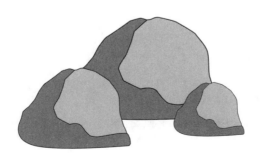

On a demandé aux enseignants de l'école Bonnemine
quel était leur petit déjeuner préféré. Observe le tableau
et réponds aux questions.

Petit déjeuner	Nombre d'enseignants
Céréales	8
Rôties	18
Crêpes	9
Omelettes	3
Pain doré	5
Croissants	2

a) Combien y a-t-il d'enseignants qui préfèrent les céréales ? _____

b) Combien y a-t-il d'enseignants qui préfèrent les crêpes ? _____

c) Quel est le petit déjeuner le plus populaire ?_____

d) Quel est le petit déjeuner le moins populaire ?_____

e) Combien y a-t-il d'enseignants en tout à l'école Bonnemine ? _____

f) Vrai ou faux ? Il y a moins d'enseignants qui préfèrent
les crêpes que le pain doré. _____

Daniel boit de l'eau chaque jour pour s'hydrater. Observe le diagramme à pictogrammes et réponds aux questions.

Lundi

Mardi

Mercredi

Jeudi

Vendredi

Samedi

Dimanche

Nombre de verres d'eau

a) Combien de verres d'eau Daniel boit-il le mercredi ? _____

b) Quels jours Daniel boit-il 4 verres d'eau ? _____

c) Quel jour boit-il le plus grand nombre de verres d'eau ? _____

d) Combien de verres d'eau boit-il la fin de semaine ? _____

e) Combien de verres d'eau boit-il en tout ? _____

Observe les données du tableau et complète le diagramme en dessinant les bandes.

Musique préférée	Nombre d'élèves
Rap	15
Jazz	3
Rock	10
Populaire	20
Classique	2

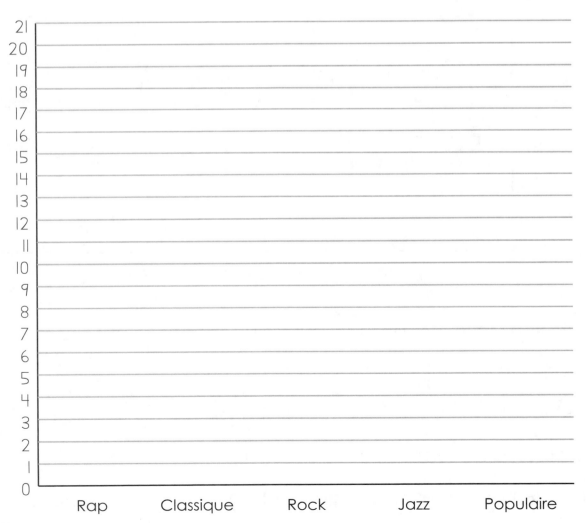

Rap	Classique	Rock	Jazz	Populaire

Observe les données du diagramme à bandes et complète le tableau.

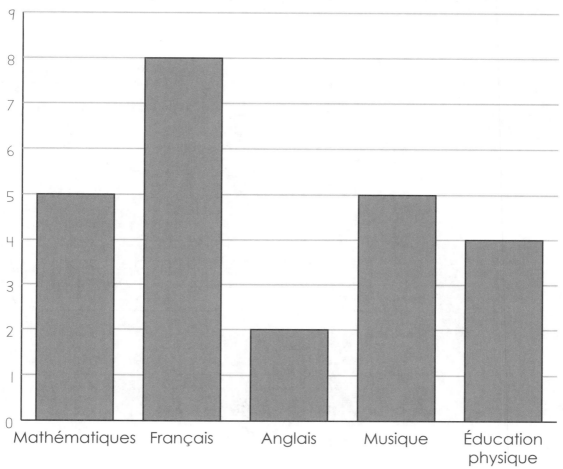

Matières préférées des élèves de la classe de 1ʳᵉ année

Matière préférée	Nombre d'élèves
Musique	5

HASARD : On parle de hasard lorsqu'un évènement imprévu se produit et qu'il est impossible de le prédire sans risque de se tromper.

Voici des jeux de hasard. Par exemple :

Tirer à pile ou face

Le bingo

Les jeux de cartes

Les jeux de dés

Le mot « hasard » vient de l'arabe *al-zahr*, qui signifie « jeu de dés ».

PROBABILITÉ D'UN ÉVÈNEMENT

Autant de chances : Les chances sont égales.

Moins de chances : Lorsqu'il y a _moins de chances_ qu'un évènement se produise, il est moins probable que cet évènement se produise.

Plus de chances : Lorsqu'il y a _plus de chances_ qu'un évènement se produise, il est plus probable que cet évènement se produise.

Observe chaque illustration et encercle la bonne réponse.

Si je pige une carte :

- J'ai plus de chances d'obtenir une carte de pique qu'une carte de cœur.

- J'ai moins de chances d'obtenir une carte de pique qu'une carte de cœur.

- J'ai plus de chances d'obtenir une carte de cœur qu'une carte de carreau.

- J'ai autant de chances d'obtenir une carte de cœur qu'une carte de carreau.

- J'ai plus de chances d'obtenir une carte rouge qu'une carte noire.

- J'ai moins de chances d'obtenir une carte rouge qu'une carte noire.

- J'ai plus de chances d'obtenir un 2 qu'un 5.

- J'ai moins de chances d'obtenir un 2 qu'un 5.

- J'ai moins de chances d'obtenir une figure qu'une carte sans figure.

- J'ai autant de chances d'obtenir une figure qu'une carte sans figure.

Pour chaque situation, colorie la bonne réponse.

Je lance une pièce de monnaie :

plus de chances

J'ai   moins de chances   d'obtenir FACE que PILE.

autant de chances

Je lance un dé :

plus de chances

J'ai   moins de chances   d'obtenir un 2 qu'un 4.

autant de chances

Je tourne la roulette.

plus de chances

J'ai   moins de chances   d'obtenir un
                           6 qu'un 4.

autant de chances

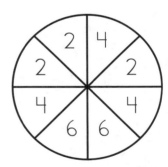

Je tourne la roulette :

plus de chances

J'ai   moins de chances   d'obtenir une
                           ligne courbe
                           qu'une ligne
autant de chances   fermée.

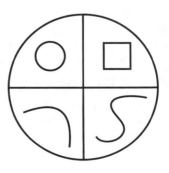

CERTAIN : Lorsqu'on dit qu'un évènement est certain, cela veut dire que cet évènement va **toujours** se produire.

La journée qui vient après lundi, c'est mardi, c'est certain.

IMPOSSIBLE : Lorsqu'on dit qu'un évènement est impossible, cela veut dire qu'il ne se produira **jamais**.

Je rêve de voler sur le dos d'un éléphant, mais dans la réalité, c'est impossible.

POSSIBLE : Lorsqu'on dit qu'un évènement est possible, cela veut dire que cet évènement n'est pas certain, mais n'est pas non plus impossible. Il se situe entre les deux.

Demain, il est possible qu'il pleuve, mais ce n'est pas certain.

Fais un X au bon endroit dans le tableau.

	Certain	Possible	Impossible
a) L'année prochaine il y aura 5 saisons.			
b) Leticia boira 3 biberons de lait aujourd'hui.			
c) Si aujourd'hui il pleut, demain il fera soleil.			
d) Mon grand-père accumulera 678 points au jeu vidéo.			
e) J'irai prendre des vacances sur la planète Jupiter.			
f) Demain il y aura 24 heures dans la journée.			
g) Luc aimera son cours de mathématiques demain.			
h) Si je dessine un triangle, mon triangle aura 3 côtés.			

Encercle les évènements qui sont possibles parmi les illustrations suivantes.

Lorsqu'il y a plusieurs résultats possibles à un évènement, on peut **dénombrer les résultats** en énumérant toutes les combinaisons possibles. Une façon de faire est d'écrire toutes les possibilités dans un tableau.

Par exemple :

Pour s'habiller ce matin, Eugène a le choix entre 3 cravates et deux chemises.

Dans le tableau, on écrit les possibilités de cravates sur la première ligne et on écrit les possibilités de chemises dans la première colonne. Ensuite, on inscrit les possibilités dans chaque case.

Cravates / Chemises	Cravate rayée	Cravate à pois	Cravate noire
Chemise blanche			
Chemise grise			

Colorie toutes les combinaisons possibles de cornets en respectant le code de couleurs.

Code de couleurs

Fraise = rouge   Chocolat = brun   Citron = jaune

Écris toutes les combinaisons possibles de pizzas.

Légumes \ Viandes	Pepperoni	Poulet	Thon
Champignons			Pizza aux champignons et au thon
Poivrons			
Tomates			

Lis les énoncés et remplis le calendrier des anniversaires avec le nom de chaque ami.

Janvier	Février	Mars	Avril
_____	_____	_____	_____
Mai	**Juin**	**Juillet**	**Août**
_____	_____	_____	_____
Septembre	**Octobre**	**Novembre**	**Décembre**
_____	_____	_____	_____

Béchir fête son anniversaire au mois de mars et Raja le mois suivant.

Moufida et Issam célèbrent tous les deux leur anniversaire l'été, trois mois après Raja.

Aroussi fête son anniversaire le mois de Noël et Fathia 4 mois avant Aroussi.

Fares célèbre son anniversaire deux mois après Fathia.

Lis les énoncés et remplis le calendrier des anniversaires avec le nom de chaque ami.

Janvier	Février	Mars	Avril
_____	_____	_____	_____

Mai	Juin	Juillet	Août
_____	_____	_____	_____

Septembre	Octobre	Novembre	Décembre
_____	_____	_____	_____

Pierrot fête son anniversaire un mois avant Alexandra.

Alexandra fête son anniversaire 2 mois après Nathalie.

Nathalie fête son anniversaire le même mois que Claude.

Claude fête son anniversaire 6 mois avant Olivier.

Olivier fête son anniversaire au moins de novembre.

Lis les énoncés et écris le bon nom sous chaque animal.

_____   _____   _____

1) Pompon n'a pas de plume.
2) Misti a deux pattes.
3) Lola donne de la laine.

Lis les énoncés et écris le bon nom sous chaque animal.

   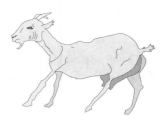

_____   _____   _____   _____

1) Rosie et Papoune donnent du lait.
2) Ti-Pet et Grisette pondent des œufs.
3) Grisette a des plumes.
4) Le petit de Rosie s'appelle le veau.

Lis les énoncés et relie à l'aide d'un trait chaque cavalier au bon cheval.

1) Les cavaliers de Filou et de Bradou ne portent pas un chapeau.

2) Le cavalier de Safran n'est pas un homme.

3) Le cavalier de Bradou est une femme.

Filou

Safran

Bradou

Malik a organisé une course d'escargots. Lis les indices et écris le nom de chaque escargot sur sa coquille.

1) Boubou arrive en 2ᵉ position.

2) Frison n'est pas le dernier.

3) Titi est juste devant Raoul.

**Chaque chandail de soccer appartient à un enfant.
Lis les indices et écris le nom de chaque enfant sous
chaque chandail.**

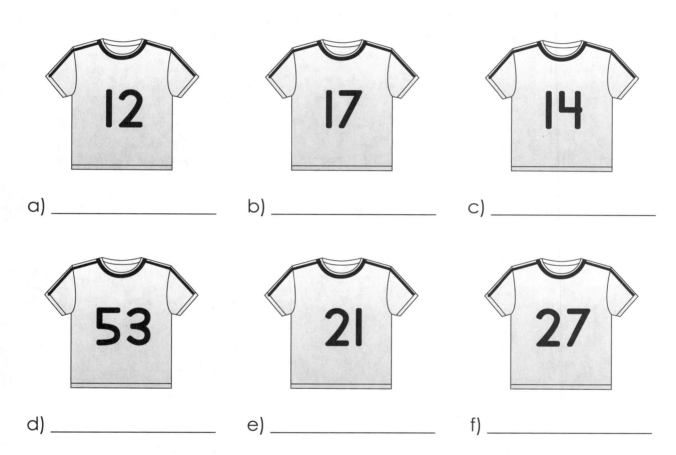

a) _____

b) _____

c) _____

d) _____

e) _____

f) _____

Florence porte le numéro qui vient juste avant 54.

Rosalie a un nombre impair sur son chandail.

Antoine a un nombre plus grand que 20 sur son chandail.

Thomas a le plus petit numéro son sur chandail.

Hendrix a un nombre pair sur son chandail.

Emma porte un nombre composé de deux dizaines et 7 unités.

Pour bien résoudre un problème, il est plus efficace de suivre une démarche.

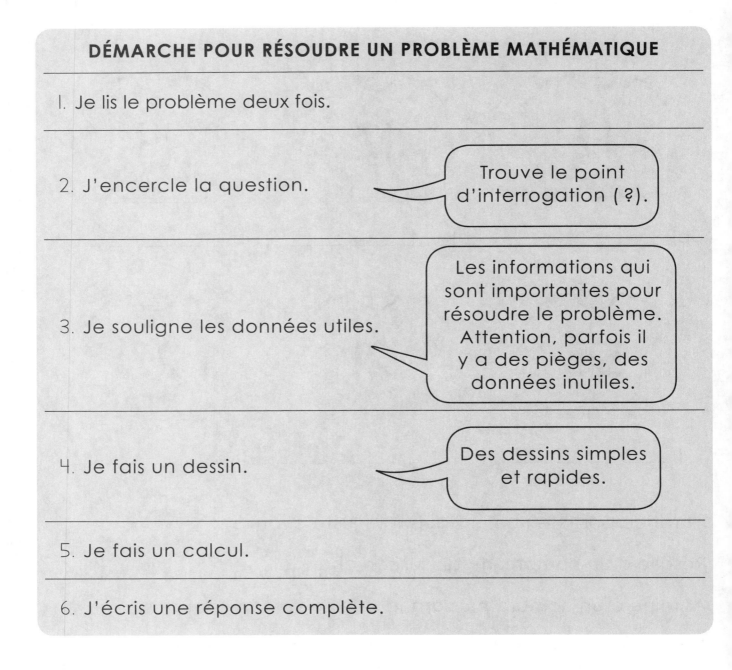

DÉMARCHE POUR RÉSOUDRE UN PROBLÈME MATHÉMATIQUE

1. Je lis le problème deux fois.

2. J'encercle la question.

> Trouve le point d'interrogation (?).

3. Je souligne les données utiles.

> Les informations qui sont importantes pour résoudre le problème. Attention, parfois il y a des pièges, des données inutiles.

4. Je fais un dessin.

> Des dessins simples et rapides.

5. Je fais un calcul.

6. J'écris une réponse complète.

Exemple :

L'ours Balouf a mangé 4 framboises et 8 bleuets. Combien a-t-il mangé de petits fruits en tout ?

ÉTAPE 1
Je lis le problème deux fois.

ÉTAPE 2
J'encercle la question.

L'ours Balouf a mangé **4** framboises et **8** bleuets.

Combien a-t-il mangé de petits fruits en tout **?**

ÉTAPE 3
Je souligne les données utiles.

L'ours Balouf a mangé **4** framboises et **8** bleuets.

Combien a-t-il mangé de petits fruits en tout ?

ÉTAPE 4
Je fais un dessin.

Framboises ○ ○ ○ ○

Bleuets | | | | | | | |

ÉTAPE 5
Je fais un calcul.

4 + 8 = 12

ÉTAPE 6
J'écris une réponse complète.

Balouf a mangé 12 petits fruits.

Si j'écris seulement 12, c'est incomplet. On parle de 12 quoi ? 12 pommes ? 12 éléphants ? Non, 12 petits fruits.

Résous les problèmes suivants.

a) Le cuisinier a préparé 54 muffins pour le déjeuner des enfants du camp. À la fin du déjeuner il reste 49 muffins. Combien de muffins les enfants ont-ils mangés?

DESSIN	CALCULS

Réponse complète : _____

b) Dans l'arbre, il y a 102 feuilles. Un coup de vent fait tomber 5 feuilles. Combien reste-t-il de feuilles dans l'arbre?

DESSIN	CALCULS

Réponse complète : _____

Résous les problèmes suivants.

a) Raja et ses amies ont fait un grand pique-nique. Elles ont mangé 3 concombres, 7 carottes, 10 champignons et 1 céleri. Combien ont-elles mangé de légumes en tout ?

DESSIN	CALCULS

Réponse complète : _____

b) Philibert s'est assis sur son balcon pour regarder les voitures passer. Il a vu 9 voitures grises, 4 voitures bleues, 12 voitures rouges et 2 voitures jaunes. Combien Philibert a-t-il vu de voitures en tout ?

DESSIN	CALCULS

Réponse complète : _____

Résous les problèmes suivants. Attention, il y a des informations qui ne sont pas utiles.

a) Hier à l'animalerie, j'ai vu 3 perroquets, 2 chats et 6 chiens. Combien d'animaux à 4 pattes ai-je vus ?

DESSIN	CALCULS

Réponse complète : _____

b) Donald marche 10 minutes par jour du lundi au vendredi. Il boit 3 verres d'eau après chaque marche. Combien marche-t-il de minutes en tout dans une semaine ?

DESSIN	CALCULS

Réponse complète : _____

Pour chaque problème, encercle la question.

a) Noëlla adore faire des confitures. L'automne dernier, elle a fait 3 pots de confitures à la rhubarbe, 4 pots de confitures aux fraises et 2 pots de confitures aux pêches. Combien a-t-elle fait de pots de confitures en tout ?

b) Gil a un beau grand jardin derrière sa maison. Il a planté deux arbres fruitiers, 3 plants de tomates et autant de plants de poivrons que de plants de tomates. A-t-il planté plus de plants de tomates ou de plants de poivrons ?

c) Lison et Marie partagent 9 cerises. Lison en prend 4. Combien en reste-t-il pour Marie ?

d) Trois amis participent à une course. Louka a le numéro 6 sur son dossard. Gabriel a le numéro 10. Sur son dossard, Aline a un nombre pair plus grand que Louka, mais plus petit que Gabriel. Quel est ce nombre ?

e) Eugène a deux chiens et un chat. Combien y a-t-il de pattes d'animaux ?

Résous les problèmes suivants.

a) Jade a 4 bonbons dans son sac. Julien en a 2 de plus.
Combien Julien a-t-il de bonbons ?

DESSIN	CALCULS

Réponse complète : _____

b) Dans la piscine, il y a 8 filles et autant de garçons.
Combien y a-t-il d'enfants en tout dans la piscine ?

DESSIN	CALCULS

Réponse complète : _____

Résous les problèmes suivants.

a) Sur la branche, il y a 6 moineaux et 1 pinson de moins que de moineaux. Combien y a-t-il de pinsons sur la branche ?

DESSIN	CALCULS

Réponse complète : _____

b) Mirella regarde dans le ciel. Elle voit 4 cerfs-volants et 2 nuages de plus que de cerfs-volants. Combien voit-elle de choses en tout dans le ciel ?

DESSIN	CALCULS

Réponse complète : _____

Lis les situations et invente une question. Ensuite, résous ton problème.

a) À la ferme de Marin, il y a 3 vaches, 2 poules et 1 cochon.

Question :

_____

_____

_____

_____

Démarche :

Réponse :

_____

---

b) Léa a acheté 2 chandails et 3 pantalons.

Question :

_____

_____

_____

_____

Démarche :

Réponse :

_____

---

c) Maëlia a 6 ans et son frère a 2 ans de moins qu'elle.

Question :

_____

_____

_____

_____

Démarche :

Réponse :

_____

Liam et Adrien participent à des jeux d'adresse pour pouvoir amasser des points et gagner des prix.

Voici les points récoltés par les deux garçons et les différents prix.

Activités	Points récoltés par Liam	Points récoltés par Adrien
Lancer de l'anneau	5	3
Fléchettes	4	4
Jeu de la canne à pêche	2	6

Toutou

8 points

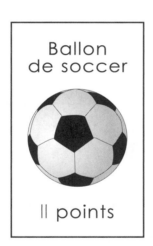

Ballon de soccer

11 points

Barbe à papa

10 points

Bicyclette

30 points

Réponds aux questions suivantes.

a) Qui a amassé le plus de points ?

_____

b) Quels prix Liam peut-il demander avec ses points ?

_____

c) Quels prix Adrien peut-il demander avec ses points ?

_____

Résous les problèmes suivants.

a) La mère de Tom a acheté 6 petites voiturettes. Chaque voiturette coûte 2 $. Combien la mère de Tom a-t-elle dépensé ?

DESSIN	CALCULS

Réponse complète : _____

b) Sur son bateau, le capitaine a 2 ancres. Chaque ancre pèse 100 kilos. Combien pèsent les deux ancres ensemble ?

DESSIN	CALCULS

Réponse complète : _____

Fais un dessin pour résoudre les problèmes suivants.

a) Trois (3) amis se partagent 15 billes en parts égales. Combien chaque ami recevra de billes ?

DESSIN
Réponse complète : _____

b) Cherifa a fait un bracelet. Elle a enfilé une perle carrée, une perle triangulaire et deux perles rondes. Elle a recommencé 3 fois. Combien de perles a-t-elle utilisées en tout ?

DESSIN
Réponse complète : _____

Résous les problèmes suivants.

a) Dans la salle de cinéma, il y a 47 places occupées et 14 places libres. Combien y a-t-il de places en tout dans cette salle ?

DESSIN	CALCULS

Réponse complète : _____

b) Eugène a cueilli 36 pommes dans son panier. En marchant dans le verger, il en a échappé 7. Combien a-t-il de pommes dans son panier maintenant ?

DESSIN	CALCULS

Réponse complète : _____

Résous les problèmes suivants.

a) L'enseignant achète 3 paquets d'autocollants. Dans chaque paquet, il y a 4 autocollants. Est-ce qu'il y a assez de collants pour les 15 élèves de la classe ?

DESSIN	CALCULS

Réponse complète : _____

b) Le magicien Karimanou achète deux chapeaux à 6 $. Il paie avec un billet de 20 $. Combien d'argent la caissière lui remettra-t-elle ?

DESSIN	CALCULS

Réponse complète : _____

Complète le tableau suivant.

Nombre représenté	Nombre en chiffres	Nombre en lettres
✳ ✳ ✳	3	Trois

Écris le bon symbole < > = dans les bulles.

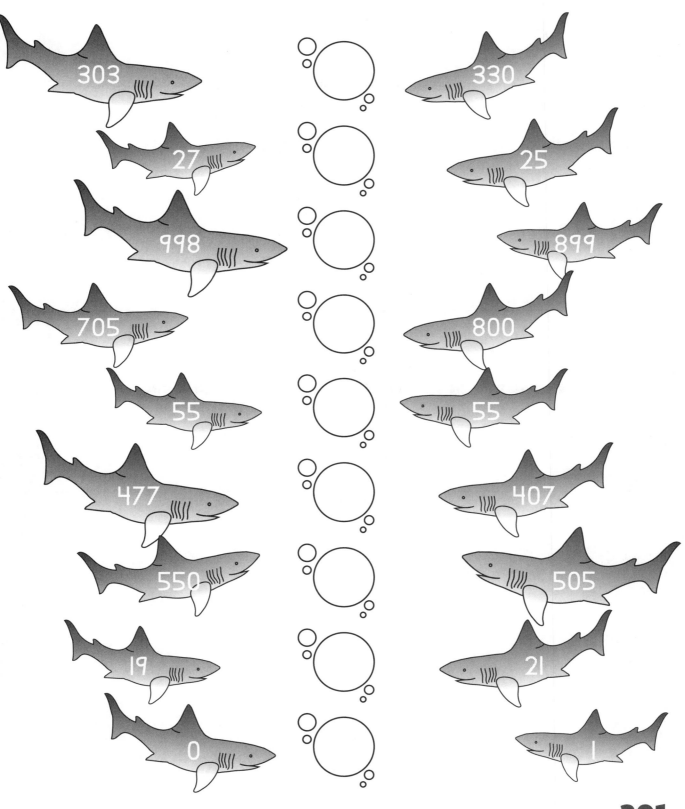

Place les nombres suivants dans l'ordre décroissant.

a) 701, 107, 777, 171, 500

_____

b) 605, 402, 303, 250, 502

_____

c) 998, 782, 889, 899, 990

_____

Place les nombres suivants dans l'ordre croissant.

d) 35, 54, 34, 17, 22

_____

e) 100, 290, 310, 200, 210

_____

f) 8, 9, 4, 5, 1

_____

Fais un cœur autour des nombres pairs et un nuage autour des nombres impairs.

| 1 | 50 | 978 | 15 |

| 156 | 68 | 189 | 54 |

| 74 | 639 | 113 | 96 |

| 180 | 75 | 4 | 2 |

| 357 | 851 | 789 | 148 |

| 859 | 252 | 35 | 330 |

| 821 | 600 | 963 | 147 |

| 59 | 962 | 97 | 89 |

Effectue les additions et colorie :

- **en rouge si la somme est < 20 ;**
- **en bleu si la somme est > que 100 ;**
- **en vert si la somme se situe entre 20 et 100.**

Effectue les additions suivantes.

a) $30 + 1 = $ _____

b) $21 + 6 = $ _____

c) $1 + 3 = $ _____

d) $50 + 7 = $ _____

e) $12 + 15 = $ _____

f) $17 + 2 = $ _____

g) $22 + 4 = $ _____

h) $94 + 10 = $ _____

i) $3 + 5 = $ _____

j) $82 + 1 = $ _____

k) $357 + 20 = $ _____

l) $100 + 500 = $ _____

Effectue les soustractions suivantes.

a) $300 - 100 =$ _____

b) $21 - 5 =$ _____

c) $105 - 5 =$ _____

d) $42 - 2 =$ _____

e) $58 - 3 =$ _____

f) $68 - 6 =$ _____

g) $57 - 9 =$ _____

h) $79 - 10 =$ _____

i) $8 - 8 =$ _____

j) $196 - 13 =$ _____

k) $751 - 2 =$ _____

l) $555 - 7 =$ _____

Effectue les additions et les soustractions.

a)
$$\begin{array}{r} 95 \\ - 18 \\ \hline \end{array}$$

b)
$$\begin{array}{r} 618 \\ + 295 \\ \hline \end{array}$$

c)
$$\begin{array}{r} 581 \\ + 223 \\ \hline \end{array}$$

d)
$$\begin{array}{r} 41 \\ - 15 \\ \hline \end{array}$$

e)
$$\begin{array}{r} 218 \\ - 95 \\ \hline \end{array}$$

f)
$$\begin{array}{r} 193 \\ - 27 \\ \hline \end{array}$$

g)
$$\begin{array}{r} 291 \\ + 192 \\ \hline \end{array}$$

h)
$$\begin{array}{r} 49 \\ - 47 \\ \hline \end{array}$$

i)
$$\begin{array}{r} 335 \\ + 517 \\ \hline \end{array}$$

j)
$$\begin{array}{r} 561 \\ - 29 \\ \hline \end{array}$$

k)
$$\begin{array}{r} 333 \\ - 23 \\ \hline \end{array}$$

l)
$$\begin{array}{r} 514 \\ + 450 \\ \hline \end{array}$$

Observe les nombres et réponds aux questions.

	QUESTION	RÉPONSE
12	Combien y a-t-il de dizaine ?	_____
24	Si tu ajoutes une dizaine, quel nombre obtiens-tu ?	_____
75	Si tu enlèves 4 unités, quel nombre obtiens-tu ?	_____
770	Si tu ajoutes une centaine, quel nombre obtiens-tu ?	_____
239	Si tu enlèves une centaine, quel nombre obtiens-tu ?	_____
56	Si tu ajoutes une unité, une dizaine et une centaine, quel nombre obtiens-tu ?	_____

À l'aide de ta règle, mesure les os. Relie ensuite chaque os au bon chien.

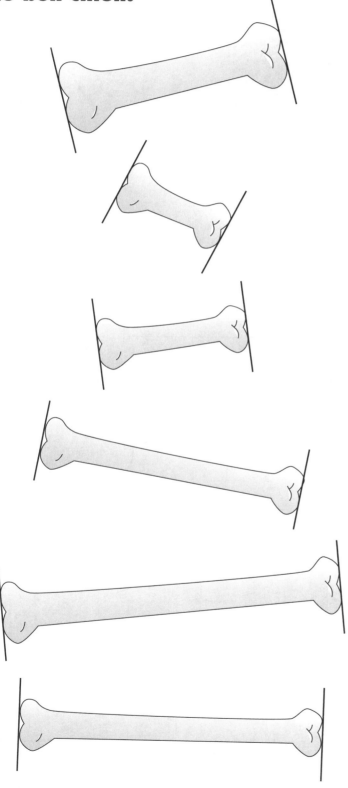

4 cm

8 cm

3 cm

6 cm

9 cm

7 cm

209

Écris le nom de chaque figure plane.

_____　　_____　　_____

　　　　　　_____

_____　　_____

Compte le nombre de chacune des figures dans l'illustration.

Figure	Nombre
▬	
◆	
▲	
■	
●	

Pour chaque solide, dessine les figures planes dont tu as besoin pour sa construction.

Cube	☐ ☐ ☐ ☐ ☐ ☐ ☐ ☐
Prisme à base carrée	
Pyramide à base carrée	
Prisme à base triangulaire	
Cylindre	

Lis chaque énoncé et ajoute les aiguilles aux horloges.

a) Jean s'est réveillé à 7 h ce matin.

b) Mon cours de guitare est à 17 h 30.

c) Il est une heure de l'après-midi.

d) Kamel déjeune à 9 h.

e) Mon bébé s'est réveillé cette nuit à 3 h 30.

f) Il est midi. Allons dîner !

g) Sabrine est rentrée tard. Sa montre indiquait 23 h.

h) La cloche de la récréation sonne 30 minutes après 14 h.

i) Il est 16 h. L'école est terminée.

Naël veut réaménager sa chambre. Aide-le à placer ses meubles au bon endroit en les dessinant dans le plan.

CHAMBRE DE NAËL

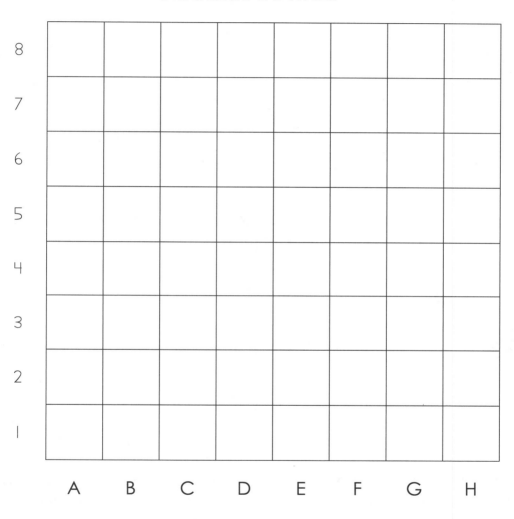

Lit  : (F,I)   Ordinateur : (B,8)

Lampe : (H,6)   Commode : (H,8)

Table : (A,2)   Bibliothèque : (H,3)

Tapis : (D,5)   Poubelle : (C,8)

213

Relie la souris au morceau de fromage à l'aide d'une ligne courbe.

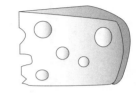

Relie la fusée à la planète à l'aide d'une ligne brisée.

Trace une ligne courbe fermée autour du lion.

Trace une ligne brisée fermée autour de la grenouille

Élisa et Abdou sont partis observer les papillons. Ils en ont vus de 5 espèces différentes. Observe le diagramme à pictogrammes et ensuite ajoute les bandes au diagramme à bandes.

PAPILLONS OBSERVÉS PAR ÉLISA ET ABDOU

Légende
= 2 papillons

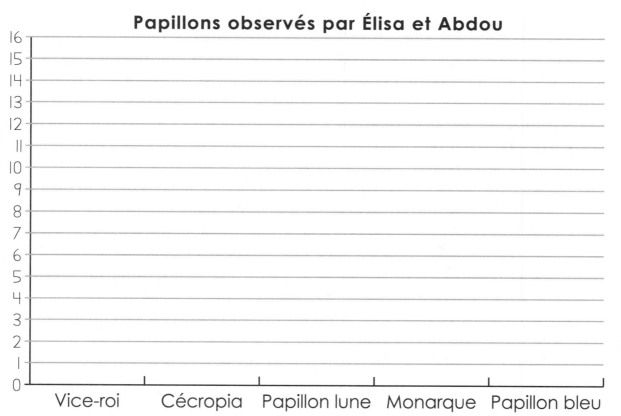

Papillons observés par Élisa et Abdou

Lis les énoncés et fais un X au bon endroit dans le tableau.

Dans un jeu régulier de 52 cartes :	Certain	Possible	Impossible
a) Je pige une carte de cœur.			
b) Je pige un 15 de pique.			
c) Je pige une figure.			
d) Je pige une carte rouge ou noire.			
e) Je pige deux cartes : une carte rouge et une carte noire.			
f) Je pige deux cartes : une carte de carreau et une carte verte.			
g) Je pige 5 cartes : elles sont toutes rouges.			

ADDITION :
Opération mathématique par laquelle on ajoute un nombre à un autre. Le résultat s'appelle « la somme ».

CENTAINE :
Regroupement de 100 unités (ou de 10 dizaines).

CHIFFRES :
Symboles utilisés pour écrire des nombres (0, 1, 2, 3, 4, 5, 6, 7, 8, 9).

DALLAGE :
Recouvrement d'une surface plane à l'aide de figures géométriques sans superposition ni espace libre.

DIFFÉRENCE :
Résultat d'une soustraction.

DIZAINE :
Regroupement de 10 unités.

FIGURE PLANE :
Figure géométrique à deux dimensions.

FRACTION :
Représente quelque chose qui a été divisé, partagé, coupé.

FRISE :
Bande sur laquelle un motif se répète de façon régulière et ordonnée.

NOMBRE PAIR :
Nombre entier que l'on peut diviser par 2 sans reste. Les nombres pairs se terminent par 0, 2, 4, 6, 8.

NOMBRE IMPAIR :
Nombre entier qui ne se divise pas par 2 sans reste. Les nombres impairs se terminent par 1, 3, 5, 7, 9.

ORDRE CROISSANT :
Du plus petit au plus grand.

ORDRE DÉCROISSANT :
Du plus grand au plus petit.

RÉGULARITÉ :
Règle que l'on peut dégager d'une suite de nombres.

SOMME :
Résultat d'une addition.

SOUSTRACTION :
Opération mathématique par laquelle on enlève une partie d'un tout. Le résultat d'une soustraction s'appelle « la différence ».

CORRIGÉ

Page 11

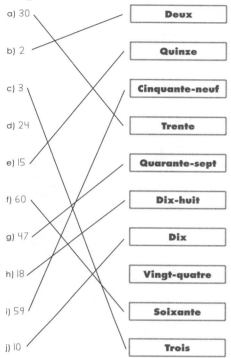

a) 30
b) 2
c) 3
d) 24
e) 15
f) 60
g) 47
h) 18
i) 59
j) 10

| Deux |
| Quinze |
| Cinquante-neuf |
| Trente |
| Quarante-sept |
| Dix-huit |
| Dix |
| Vingt-quatre |
| Soixante |
| Trois |

Page 12

a) 0 zéro
b) 1 un
c) 2 deux
d) 3 trois
e) 4 quatre
f) 5 cinq
g) 6 six
h) 7 sept
i) 8 huit
j) 9 neuf

Page 13

a) Quatre-vingt-deux — 82
b) Soixante-seize — 76
c) Douze — 12
d) Vingt — 20
e) Trois — 3
f) Quarante-deux — 42
g) Cinquante-cinq — 55
h) Quarante-trois — 43
i) Treize — 13
j) Trente-trois — 33

Page 14

a) Il y a __cinq__ ballons.
b) Sur le gâteau, on compte __dix__ bougies.
c) Sur la table, on voit __quatre__ verres.
d) __Sept__ cadeaux ont été déposés sur la table.
e) Il y a __un__ clown à la fête.
f) Le clown a __deux__ boutons sur sa veste.

Page 15

a) Quatre-vingt-neuf — 139
b) Cent trente — 130
c) Soixante-trois — 63
e) Deux cent vingt-trois — 223
f) Quarante-deux — 42
g) Cinq — 5
h) Quarante-huit — 48
i) Quatre-vingt-sept — 87
j) Cinq cent soixante et onze — 571

Page 16

1.
Quarante-six
Quinze
Cinquante
Vingt-cinq
Soixante-sept
Douze

2.
Douze
Vingt
Quarante-neuf
Quatre
Trente-deux
Soixante-douze

Page 17

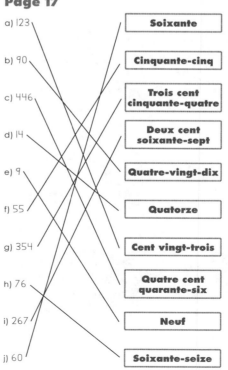

a) 123
b) 90
c) 446
d) 14
e) 9
f) 55
g) 354
h) 76
i) 267
j) 60

| Soixante |
| Cinquante-cinq |
| Trois cent cinquante-quatre |
| Deux cent soixante-sept |
| Quatre-vingt-dix |
| Quatorze |
| Cent vingt-trois |
| Quatre cent quarante-six |
| Neuf |
| Soixante-seize |

219

Page 19

Page 21

a) 5

b) 10

c) 2

d) 11

e) 13

f) 7

Page 23

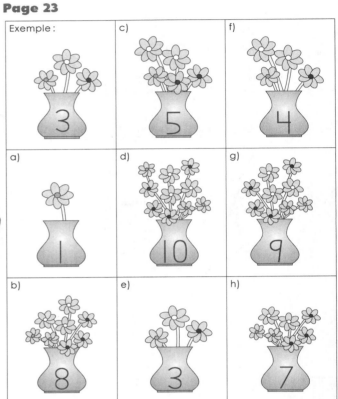

Page 20

a) 2 poules

b) 5 poules

c) 12 poules

d) 9 poules

e) 3 poules

f) 8 poules

Page 24

a) 4	⚀ ⚂ ou ⚁ ⚁
b) 10	⚃ ⚅ ou ⚄ ⚄
c) 2	⚀ ⚀
d) 6	⚀ ⚄ ou ⚁ ⚃ ou ⚂ ⚂
e) 12	⚅ ⚅
f) 7	⚀ ⚅ ou ⚁ ⚄ ou ⚂ ⚃
g) 9	⚂ ⚅ ou ⚃ ⚄
h) 5	⚀ ⚃ ou ⚁ ⚂

Page 27

a) $10 + 2$ → 6 + 6

$$9 + 4$$
$$6 + 6$$

b) $40 + 5$

$$20 + 20 + 3 + 3$$
$$10 + 10 + 10 + 10 + 5$$

c) $50 + 1$

$$10 + 10 + 10 + 10 + 20 + 1$$
$$20 + 20 + 10 + 1$$

d) $80 + 10$

$$25 + 25 + 25 + 10 + 5$$
$$50 + 20 + 10$$

e) $13 + 20$

$$10 + 10 + 3$$
$$10 + 10 + 10 + 3$$

Page 25

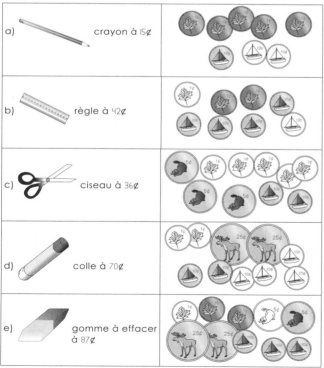

a)	crayon à 15¢	
b)	règle à 42¢	
c)	ciseau à 36¢	
d)	colle à 70¢	
e)	gomme à effacer à 87¢	

Page 28

■ en jaune
■ en vert

221

Page 29

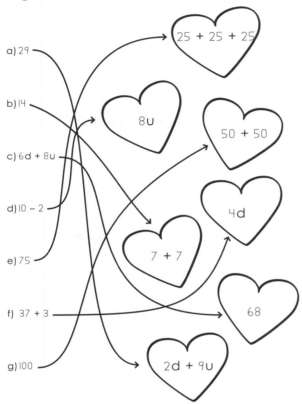

a) 29
b) 14
c) 6d + 8u
d) 10 – 2
e) 75
f) 37 + 3
g) 100

25 + 25 + 25
8u
50 + 50
4d
7 + 7
68
2d + 9u

Page 32

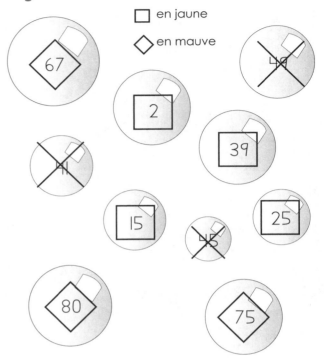

□ en jaune
◇ en mauve

67 2 46 39 14 15 45 25 80 75

Page 31

a) 5 < 7

b) 30 > 20

c) 19 < 91

d) 8 = 8

e) 24 > 18

f) 54 > 45

g) 12 < 21

h) 2 < 5

i) 14 < 32

Page 33

a)	(50)	55	51	65
b)	89	98	78	(28)
c)	14	41	(4)	40
d)	37	(28)	65	29
e)	177	(172)	770	771

Page 34

Page 35

a) =

b) <

c) >

d) <

e) <

Page 37

a)	82	40	29	51	19 :	19-29-40-51-82
b)	9	60	35	57	75 :	9-35-57-60-75
c)	12	21	76	39	50 :	76-50-39-21-12
d)	75	81	88	5	94 :	94-88-81-75-5
e)	91	89	60	57	31	DÉCROISSANT
f)	11	19	57	79	91	CROISSANT
g)	22	16	8	5	1	DÉCROISSANT
h)	354	444	459	501	507	CROISSANT
i)	74	54	34	24	4	DÉCROISSANT

Page 38

Mirkö	Laurier	Anakin	Sam	Mathieu

126 cm	89 cm	101 cm	110 cm	98 cm

Laurier	Mathieu	Anakin	Sam	Mirkö

Mishelle	Rasha	Stella	Evelyn-Rose	Nia

78 cm	65 cm	91 cm	89 cm	105 cm

Mirkö	Rasha	Evelyn-Rose	Mishelle	Nia

223

Page 39

a) Ordre croissant   10 | 11 | 12 | 13

b) Ordre décroissant   70 | 69 | 68 | 67

c) Ordre croissant   29 | 30 | 31 | 32

d) Ordre croissant   99 | 100 | 101 | 102

e) Ordre décroissant   35 | 34 | 33 | 32

f) Ordre décroissant   62 | 61 | 60 | 59

g) Ordre croissant   14 | 15 | 16 | 17

h) Ordre décroissant   122 | 121 | 122 | 123

Page 41

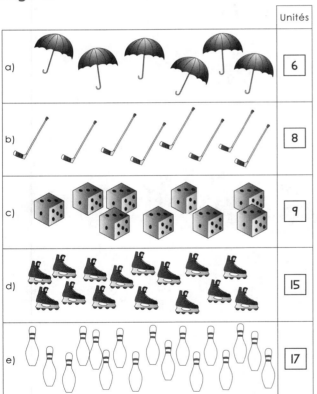

	Unités
a)	6
b)	8
c)	9
d)	15
e)	17

Page 42

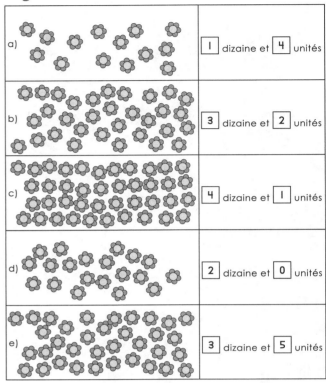

a)	1 dizaine et 4 unités
b)	3 dizaine et 2 unités
c)	4 dizaine et 1 unités
d)	2 dizaine et 0 unités
e)	3 dizaine et 5 unités

Page 43

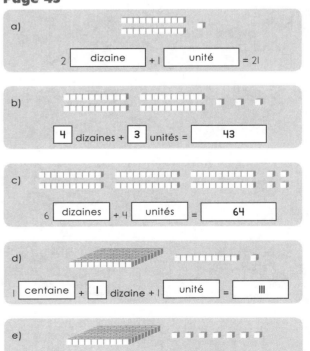

a)   2 dizaine + 1 unité = 21

b)   4 dizaines + 3 unités = 43

c)   6 dizaines + 4 unités = 64

d)   1 centaine + 1 dizaine + 1 unité = 111

e)   1 centaine + 7 unités = 107

CORRIGÉ

Page 44

a) Léon est en vacances combien de jours cet été? Fais des groupements de 10.

Léon est en vacances durant **25** jours.

b) Annah est en vacances combien de jours cet été? Fais des groupements de 10.

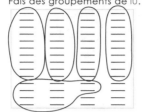

Annah est en vacances durant **56** jours.

a) Je suis en vacances durant 19 jours.

b) Je suis en vacances durant 40 jours.

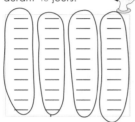

Page 45

a) I centaine   + 2 dizaines + 7 unités = **127**
b) 3 centaines + I dizaines + 6 unités = **316**
c) 2 centaines + I dizaine   + 0 unité = **210**
d) 7 centaines + 0 dizaine   + 5 unités = **705**
e) 0 centaine + 4 dizaines + 4 unités = **44**

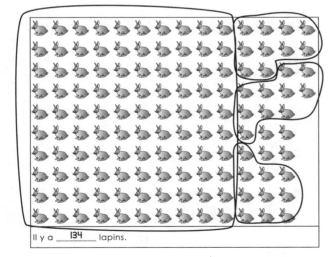

Il y a ___**134**___ lapins.

Page 47

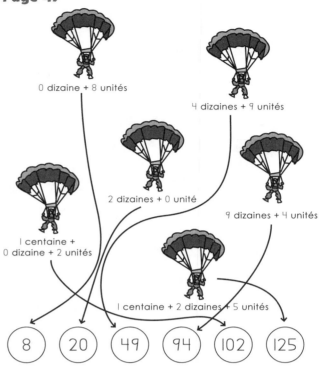

0 dizaine + 8 unités

4 dizaines + 9 unités

2 dizaines + 0 unité

I centaine + 0 dizaine + 2 unités

9 dizaines + 4 unités

I centaine + 2 dizaines + 5 unités

(8) (20) (49) (94) (102) (125)

Page 48

a)   2 dizaines + 9 unités   =   **29**

b)   =   **11**

c)   I centaine + 5 dizaines   =   **150**

d)   =   **25**

e)   8 dizaines + 7 unités   =   **87**

f)      =   **42**

g)      =    **111**

h)   3 centaines et 3 unités   =   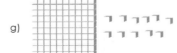 **303**

Page 49

a) 27 = 20 + **7**

b) 52 = 5 dizaines + **2** unités

c) 80 = **8** dizaines + 0 unité

d) 14 = **1** dizaine + 4 **unités**

e) 35 = 3 **dizaines** + 5 unités

f) 39 = **3** dizaines + 9 unités

g) 90 = 9 **dizaines**

h) 72 = 6 **dizaines** + 12 **unités**

i) **65** = 6 dizaines + 5 unités

j) 91 = 9 **dizaines** + 1 **unités**

Page 51

■ bleu: nombres pairs   ■ vert: nombres impairs

Page 52

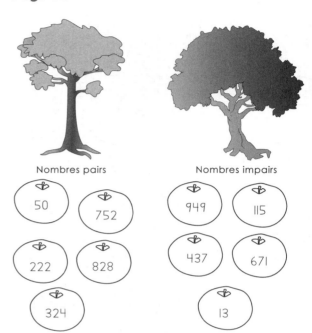

Nombres pairs

50   752

222   828

324

Nombres impairs

949   115

437   671

13

Page 53

a) 0, 2, 4, 6, 8

b) 1, 3, 5, 7, 9

c) Plusieurs réponses possibles : 22, 24, 26, 28, 30, 32, 34, 36, 38

d) Plusieurs réponses possibles : 51, 53, 55, 57, 59, 61, 63, 65, 67, 69

Page 55

a) 6 7 8 9 10

b) 10 11 12 13 14

c) 2 4 6 8 10

d) 5 4 3 2 1

e) 3 5 7 9 11

f) 17 18 19 20 21

CORRIGÉ

Page 56

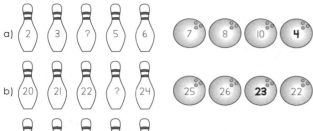

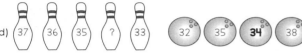
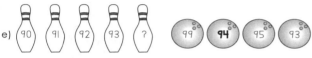

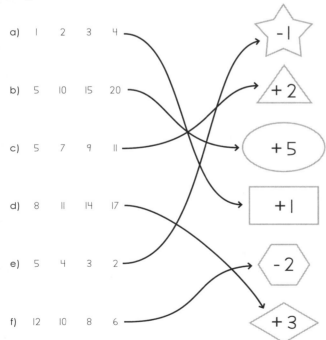

Page 57

a) 1   2   3   4

b) 5   10   15   20

c) 5   7   9   11

d) 8   11   14   17

e) 5   4   3   2

f) 12   10   8   6

-1

$+2$

$+5$

$+1$

-2

$+3$

Page 59

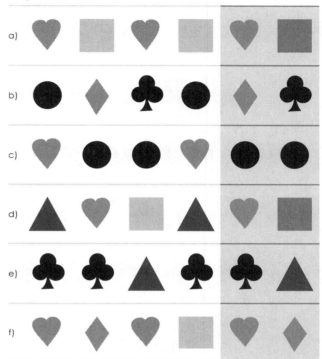

Page 60

a) Fraise	Banane	**Fraise**	Banane	Fraise
b) Raisin	Pomme	Pomme	Raisin	**Pomme**
c) Cerise	Kiwi	Pomme	**Cerise**	Kiwi
d) **Poire**	Fraise	Banane	Poire	Fraise
e) Cerise	**Raisin**	Kiwi	Poire	Cerise	Raisin
f) **Pomme**	Fraise	Fraise	Pomme	Fraise	Fraise

Page 61

a) 1 2 3 1 2 **3** **1** **2**

b) 10 12 **14** 10 12 14 10 **12**

c) 7 **8** 7 8 **7** 8 7 8

d) 100 200 5 100 200 **5** **100** 200

e) **3** 6 9 3 6 9 **3** **6**

f) 0 0 4 0 **0** **4** 0 0

g) 5 10 **15** 5 10 15 **5** 10

h) **99** 89 79 **69** 99 **89** 79 69

Page 65

a) 5 + 2 = **7**
b) 8 + 3 = **11**
c) 4 + 9 = **13**
d) 3 + 5 = **8**
e) 5 + 3 = **8**
f) 9 + 9 = **18**
g) 9 + 0 = **9**
h) 0 + 0 = **0**
i) 1 + 8 = **9**
j) 15 + 1 = **16**
k) 17 + 4 = **21**
l) 12 + 3 = **15**
m) 37 + 8 = **45**
n) 8 + 8 = **16**
o) 0 + 10 = **10**
p) 10 + 10 = **20**

Page 66

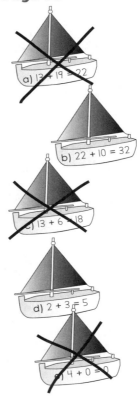
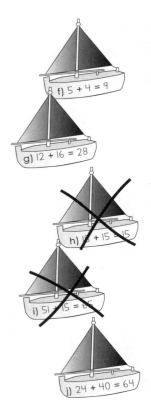

a) 13 + 19 = 22
b) 22 + 10 = 32
c) 13 + 6 = 18
d) 2 + 3 = 5
e) 4 + 0 = 0
f) 5 + 4 = 9
g) 12 + 16 = 28
h) 15 + 15 = 15
i) 51 + 15 = 65
j) 24 + 40 = 64

Page 67

a) 8 + 8 = **16**
b) 2 + 9 = **11**
c) 9 + 4 = **13**
d) 15 + 2 = **17**
e) 3 + 7 = **10**
f) 4 + 8 = **12**
g) 0 + 7 = **7**
h) 3 + 6 = **9**
i) 4 + 4 = **8**
j) 5 + 1 = **6**

228

Page 68

+ ↪	2	5	0	9
7	9	12	7	16
9	11	14	9	18
4	6	9	4	13
10	12	15	10	19

+ ↪	5	10	100	20
10	15	20	110	30
8	13	18	108	28
14	19	24	114	34
5	10	15	105	25

+ ↪	3	7	1	4
2	5	9	3	6
8	11	15	9	12
6	9	13	7	10
12	15	19	13	16

+ ↪	6	8	12	3
20	26	28	32	23
5	11	13	17	8
10	16	18	22	13
4	10	12	16	7

Page 69

a)
$$\begin{array}{r} 23 \\ + 19 \\ \hline 42 \end{array}$$

b)
$$\begin{array}{r} 45 \\ + 35 \\ \hline 80 \end{array}$$

c)
$$\begin{array}{r} 12 \\ + 8 \\ \hline 20 \end{array}$$

d)
$$\begin{array}{r} 17 \\ + 14 \\ \hline 31 \end{array}$$

e)
$$\begin{array}{r} 68 \\ + 3 \\ \hline 71 \end{array}$$

f)
$$\begin{array}{r} 32 \\ + 29 \\ \hline 61 \end{array}$$

g)
$$\begin{array}{r} 99 \\ + 4 \\ \hline 103 \end{array}$$

h)
$$\begin{array}{r} 124 \\ + 27 \\ \hline 151 \end{array}$$

i)
$$\begin{array}{r} 765 \\ + 18 \\ \hline 783 \end{array}$$

Page 70

a) $12 + \boxed{1} = 13$

b) $\boxed{2} + 2 = 4$

c) $4 + 3 = \boxed{7}$

d) $5 + \boxed{3} = 8$

e) $10 + \boxed{9} = 19$

f) $\boxed{5} + 25 = 30$

g) $4 + \boxed{7} = 11$

h) $5 + 18 = \boxed{23}$

i) $\boxed{2} + \boxed{1} = 3$

Page 71

a) Mirella et son père jardine. Ils plantent 6 plants de tomates et 5 plants de laitue. Combien ont-ils planté de plants en tout ?

6 + 5		6 − 5

b) Julien a 12$ dans son porte-feuille. Il va au cinéma. Son billet lui coûte 8$. Combien lui reste-t-il ?

12 + 8		12 − 8

c) Myra lit un livre qui contient 156 pages. Elle a déjà lu 100 pages. Combien de pages lui reste-t-il à lire ?

156 + 100		156 − 100

Page 72

a) Le fleuriste prépare un bouquet de fleurs. Il met 4 tulipes, 5 roses et 6 marguerites. Combien y a-t-il de fleurs en tout dans le bouquet ?

| 4 + 5 + 6 | 4 + 5 − 6 |

b) Donald va à la boulangerie. Il achète un croissant à 1$ et un pain aux raisins à 3$. Combien cela lui coutera-t-il ? ?

| 3 + 1 | 3 − 1 |

c) Émilie a apporté 17 billes à l'école. Elle en a perdu 3. Combien lui en reste-il ?

| 17 + 3 | 17 − 3 |

Page 73

a) Aujourd'hui, j'ai mangé 3 fraises et 4 pêches. Combien ai-je mangé de fruits ?

3 | **+** | 4 = | **7** | fruits

b) Il y a 9 tomates dans le jardin de Noëlla. Elle en cueille 4. Combien reste-t-il de tomates dans le jardin ?

9 | **−** | 4 = | **5** | tomates

c) Au parc, il y a 14 balançoires et 3 glissades. Combien y a-t-il de jeux ?

14 | **+** | 3 = | **17** | jeux

Page 74

Réponse : Annabelle a acheté 6 souliers.

Réponse : On compte 28 pattes.

Page 75

Réponse : Josiane a invité 20 amis.

Réponse : Elles ont eu 5 bébés.

Page 79

a) 8 - 2 = 6
b) 9 - 5 = 4
c) 12 - 3 = 9
d) 10 - 10 = 0
e) 8 - 7 = 1
f) 4 - 2 = 2
g) 12 - 7 = 5
h) 8 - 5 = 3
i) 3 - 2 = 1
j) 9 - 9 = 0
k) 21 - 2 = 19
l) 12 - 2 = 10
m) 2 - 1 = 1
n) 7 - 5 = 2
o) 15 - 9 = 6
p) 15 - 14 = 1

Page 80

a) 20 - 15 = __5__
b) 19 - 4 = __15__
c) 29 - 10 = __19__
d) 12 - 3 = __9__
e) 15 - 1 = __14__
f) 22 - 5 = __17__
g) 8 - 4 = __4__
h) 7 - 0 = __7__

230

CORRIGÉ

Page 81

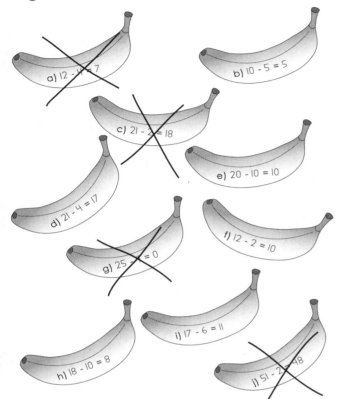

a) 12 - 4 = 7

b) 10 - 5 = 5

c) 21 - 2 = 18

d) 21 - 4 = 17

e) 20 - 10 = 10

f) 12 - 2 = 10

g) 25 - 5 = 0

h) 18 - 10 = 8

i) 17 - 6 = 11

j) 51 - 2 = 48

Page 82

a) 14 − $\boxed{3}$ = 11

b) 53 − 5 = $\boxed{48}$

c) $\boxed{20}$ − 9 = 11

d) 35 − $\boxed{5}$ = 30

e) 22 − 10 = $\boxed{12}$

f) $\boxed{9}$ − 6 = 3

g) 18 − $\boxed{10}$ = 8

h) 22 − 7 = $\boxed{15}$

i) 8 − 8 = $\boxed{0}$

j) $\boxed{4}$ − 2 = 2

Page 83

− ➡	1	2	3	4
10	9	8	7	6
9	8	7	6	5
8	7	6	5	4
7	6	5	4	3

− ➡	5	6	7	8
10	5	4	3	2
15	10	9	8	7
20	15	14	13	12
25	20	19	18	17

− ➡	1	3	5	7
12	11	9	7	5
29	28	26	24	22
45	44	42	40	38
73	72	70	68	66

− ➡	2	4	6	8
50	48	46	44	42
100	98	96	94	92
500	498	496	494	492
999	997	995	993	991

Page 84

a)
$$\begin{array}{r} 15 \\ -\ 6 \\ \hline 9 \end{array}$$

b)
$$\begin{array}{r} 20 \\ -\ 2 \\ \hline 18 \end{array}$$

c)
$$\begin{array}{r} 32 \\ -\ 4 \\ \hline 28 \end{array}$$

d)
$$\begin{array}{r} 146 \\ -\ 53 \\ \hline 93 \end{array}$$

e)
$$\begin{array}{r} 92 \\ -\ 8 \\ \hline 84 \end{array}$$

f)
$$\begin{array}{r} 60 \\ -\ 5 \\ \hline 55 \end{array}$$

g)
$$\begin{array}{r} 183 \\ -\ 16 \\ \hline 167 \end{array}$$

h)
$$\begin{array}{r} 75 \\ -\ 9 \\ \hline 66 \end{array}$$

Page 85

$$17 - 9$$

$$24 - 2$$

$$24 - 0$$

Mathieu se promène sur la plage. Il voit 17 personnes qui se baignent dans la mer. 2 enfants sortent de l'eau. Combien restent-ils de personnes dans la mer ?

$$17 - 0$$

$$17 - 2 = 15$$

Eva a 10$ dans son portefeuille. Elle achète un crayon à 2 dollars. Combien d'argent lui reste-t-il ?

$$10 - 2 = 8$$

$$10 - 8$$

Marie-Pierre a préparé 24 petits gâteaux. Ses 2 enfants les ont tous mangés. Combien reste-t-il de gâteau ?

$$24 - 24 = 0$$

$$10 - 0$$

$$17 - 3$$

Page 86

Mon frère et moi avons mangé toute la pizza. Il y avait 6 pointes et j'en ai mangé 2. Combien de pointes y avait-il en tout ?

$$6 \; (+) \; (-) \; 2 = ?$$

Dans mon jardin il y a 90 tomates. J'en ai cueillies 10 pour faire une sauce. Combien reste-t-il de tomates dans mon jardin ?

$$90 \; (+) \; (-) \; 10 = ?$$

Dans la ruelle il y a 3 chats et 3 chiens. Combien y a-t-il d'animaux dans ma ruelle ?

$$3 \; (+) \; (-) \; 3 = ?$$

Hier, mon cousin Yanick a fait 30 minutes de vélo. Aujourd'hui il a fait 45 minutes de vélo. Combien a-t-il fait de minutes de vélo en 2 jours ?

$$30 \; (+) \; (-) \; 45 = ?$$

La maman hirondelle a déposé 8 graines dans le nid pour ses bébés. Ils en ont mangé 5. Combien reste-il de graines ?

$$8 \; (+) \; (-) \; 5 = ?$$

Page 87

a) Malika achète 2 cahiers et un taille-crayon. Combien cela lui coûte-t-il ?

$$3 + 2 + 4$$ $$\boxed{3 + 3 + 4}$$

b) Malika a 20 dollars et elle achète une boîte à lunch et un crayon. Combien d'argent lui reste-t-il ?

$$20 + 10 + 1$$ $$\boxed{20 - 10 - 1}$$

c) Malika achète 2 taille-crayons et 2 gommes à effacer. Combien devra-t-elle débourser pour les 2 taille-crayons ?

$$4 + 4 + 1 + 1$$ $$\boxed{4 + 4}$$

d) Malika a 50 dollars. Elle achète tous les articles. Combien d'argent lui restera-t-il ?

$$\boxed{50 - 2 - 3 - 1 - 10 - 4}$$ $$2 + 3 + 1 + 10 + 4$$

Page 88

Démarche : **5 + 5 + 2 = 12**
Réponse : Cela lui a coûté **12** $.

Démarche : **4 + 4 + 4 + 4 + 4 = 20**
Réponse : Il y a **20** roues en tout.

Page 89

Démarche : **3 + 4 = 7**
Réponse : Il voit **7** poissons en tout.

Démarche : **30 + 30 + 30 = 90 minutes**
Réponse : Abdul marche **90** minutes après 3 jours.

Page 91

a) Edwin a mangé la moitié de la pizza.

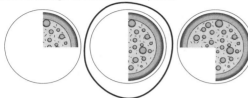

b) Magalie a mangé le quart de la pizza

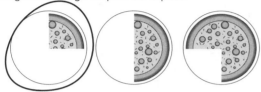

c) Gaspard a mangé le tiers de la pizza

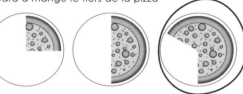

Page 92

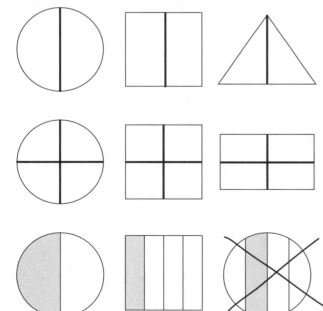

La moitié   Le quart   Le quart

Page 93

Page 94

a) Combien y a-t-il de pommes ?   10
b) Combien y a-t-il de Kiwis ?   8
c) Combien y a-t-il de bananes ?   6
d) Combien y a-t-il de fraises ?   4
e) Combien y a-t-il de fruits en tout ?   **28 fruits**

Page 95

a) _____9_____   [étoiles]   _____neuf_____

b) _____5_____   [étoiles]   _____cinq_____

c) _____10_____   [étoiles]   _____dix_____

d) _____6_____   [étoiles]   _____six_____

e) _____8_____   [étoiles]   _____huit_____

f) _____12_____   [étoiles]   _____douze_____

Page 96

a) 101 **>** cent

b) quatorze **=** 14

c) 37 **<** 73

d) 103 **<** 113

e) dix-neuf **<** 79

f) 0 **<** 10

g) 450 **>** 405

h) 80 **>** soixante-dix

Page 97

a)
```
  140
+  99
-----
  239
```

b)
```
   18
+  12
-----
   30
```

c)
```
   37
+   5
-----
   42
```

d)
```
   42
-  11
-----
   31
```

e)
```
  160
-  22
-----
  138
```

f)
```
  749
+ 151
-----
  900
```

g)
```
  305
- 104
-----
  201
```

h)
```
   74
-  15
-----
   59
```

Page 98

a) 2 + **10** = 12

b) **4** + 5 = 9

c) 10 + 10 = **20**

d) 9 + **19** = 28

e) **6** + 3 = 9

f) 15 − 5 = **10**

g) 99 − **9** = 90

h) **36** − 30 = 6

i) 64 − **46** = 18

j) 300 − 12 = **288**

Page 99

a) 11 14 17 41

b) 102 112 120 122

a) 63 46 43 34

b) 777 770 707 77

234

Page 100

a)  (36) fleurs

b)  (40) camions

c) 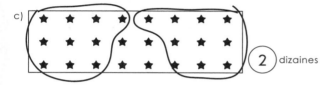 (2) dizaines

d) 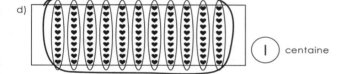 (1) centaine

Page 101

a) 603 - 399 = 204

Réponse : Lison a accumulé 204 points de plus que Félix

b) 12 + 4 + 7 + 1 = 24

Réponse : Rosalie a vu 24 oiseaux

Page 105

a) __1__ poisson
b) __3__ poissons
c) __4__ poissons
d) __5__ poissons

Page 106

a)
(Dé) flûte Ton corps

b)
Dé flûte (Ton corps)

c)
Dé (flûte) Ton corps

d)
Dé flûte (Ton corps)

e)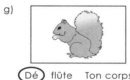
Dé flûte (Ton corps)

f)
(Dé) flûte Ton corps

g)
(Dé) flûte Ton corps

h)
Dé (flûte) Ton corps

Page 107

a) 5 cm
b) 3 cm
c) 4 cm
d) 8 cm
e) 6 cm

Page 108

Page 109

a)

b)

Page 110

	Mesure
	3 cm
	7 cm
	6 cm
	12 cm
	4 cm
	5 cm
	9 cm

Page 111

La hauteur d'une lampe de table	(dm)	m
La largeur de ta maison	dm	(m)
La longueur d'un terrain	dm	(m)
La longueur d'une gomme à effacer	(cm)	dm
La longueur d'un cellulaire	(cm)	dm
La hauteur d'un chien	cm	(dm)
La hauteur d'un pupitre	cm	(dm)
La longueur d'un camion	dm	(m)
L'épaisseur de ce livre de mathématique	(cm)	dm

Page 114

1. janvier   2. févier   3. **mars**

4. **avril**   5. mai   6. **juin**

7. **juillet**   8. **aout**   9. **septembre**

10. octobre   11. **novembre**   12. **décembre**

Printemps   **Été**   **Automne**   **Hiver**

LUNDI   **MARDI   MERCREDI** JEUDI **VENDREDI   SAMEDI   DIMANCHE**

CORRIGÉ

Page 115

a)

Rép.: __3 h__

b)
Rép.: __7 h__

c)
Rép.: __5 h__

d)
Rép.: __6 h 15__

e)
Rép.: __4 h 30__

f)
Rép.: __3 h 30__

g)

Rép.: __1 h__

h)

Rép.: __4 h__

i)
Rép.: __5 h__

j)

Rép.: __11 h 30__

k)

Rép.: __10 h__

l)

Rép.: __2 h 30__

Page 117

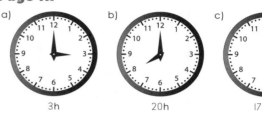

a) 3h   b) 20h   c) 17h30

d) 4h   e) 12h   f) 23h30

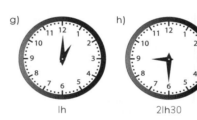

g) 1h   h) 21h30   i) 8h30

Page 116

	secondes	minutes	heures	jours
Ouvrir une porte	✔			
Partir en voyage				✔
Chanter une chanson		✔		
Lire un livre				✔
Regarder un film			✔	
Manger un bleuet	✔			
Bâtir une maison				✔
Lire le mot « Merci »	✔			

Page 118

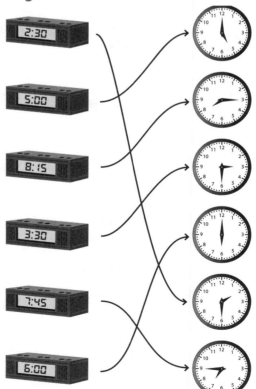

237

Page 119

a) Il y a ☐ 10 ☐ cm dans I décimètre.

b) Dans I mètre, il y a I0 ☐ **décimètres (dm)** ☐ .

c) Dans I décimètre, il y a I0 ☐ **centimètres (dm)** ☐ .

d) Dans ☐ I ☐ mètre, il y a I00 cm.

e) Ce livre de mathématique mesure environ 2 ☐ **décimètres (dm)** ☐ de largeur.

f) Ce livre de mathématiques mesure environ ☐ 20 ☐ centimètre de largueur.

Page 120

a) 7 cm   d) 2 cm

b) 4 cm   e) 9 cm

c) I0 cm   f) II cm

Page 121

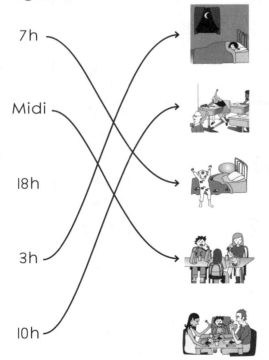

7h

Midi

I8h

3h

I0h

Page 123

a) (exemple)	e)
b)	f)
c)	g)
d)	h)

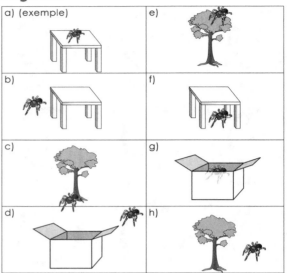

Page 124

Page 125

a) Où est l'écureuil ?

☐ sur la corde ☐   ☐ sous la corde ☐

b) Que voit-on entre l'arbre et la table de pique-nique ?

☐ vêtements ☐   ☐ tente ☐

c) Ou se situe le papa ?

☐ devant la tente ☐   ☐ derrière la tente ☐

d) Qui voit-on à droite de la maman ?

☐ La fillette ☐   ☐ Le papa ☐

e) Quel insecte se trouve sous la table ?

☐ araignée ☐   ☐ fourmi ☐

Page 127

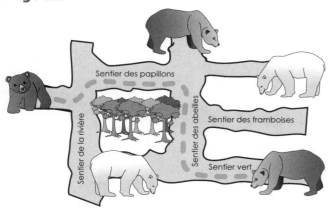

Page 128

a)
① 2 3 4 ⑤ 6 7

b)
2 ⑤ 8 11 14 ⑰

c)
50 52 ⑤④ ⑤⑥ 58 60

d)
5 10 15 ⑳ 25 ㉚

e)
⑨② 94 96 98 ⑩⓪

Page 129

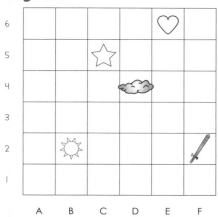

Page 131

Nom : **Carré**

Côtés : 4

Nom : **Triangle**

Côtés : 3

Nom : **Cercle**

Côtés : **Aucun**

Nom : **Rectangle**

Côtés : 4

Page 132

En vert les carrés
En bleu les triangles
En rouge les cercles
En jaune les rectangles
En mauve les losanges

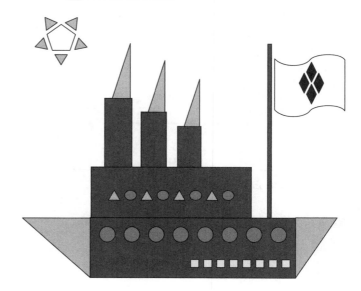

Page 133

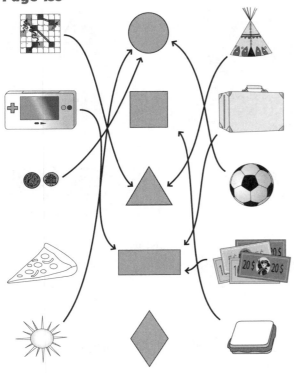

Page 134

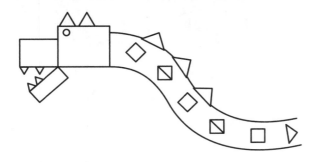

Réponse : __18 figures à 4 côtés__

Compte le nombre de triagnles dans l'illustration.

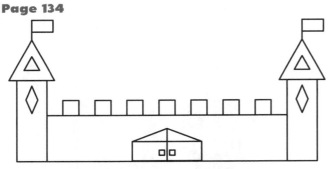

Réponse : ____14 triangles____

Page 135

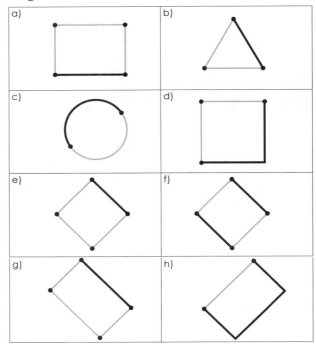

Page 136

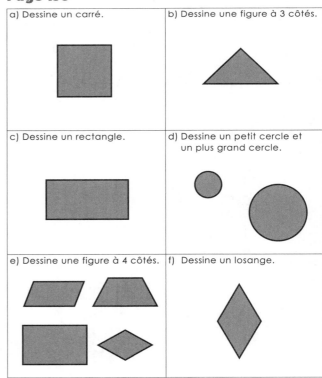

a) Dessine un carré.

b) Dessine une figure à 3 côtés.

c) Dessine un rectangle.

d) Dessine un petit cercle et un plus grand cercle.

e) Dessine une figure à 4 côtés.

f) Dessine un losange.

Page 139

Nom : _____ **sphère**

Nom : _____ **cylindre**

Nom : _____ **pyramide à base carrée**

Nom : _____ **cube**

Nom : _____ **prisme à base triangulaire**

Nom : _____ **prisme à base carrée**

Nom : _____ **cône**

Nom : _____ **pyramide à base triangulaire**

Page 140

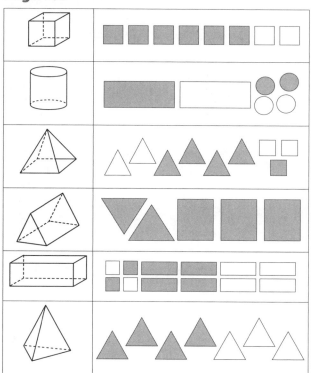

Page 141

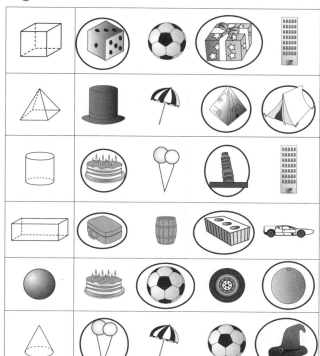

Page 142

en rouge   en rouge

  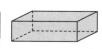

Page 143

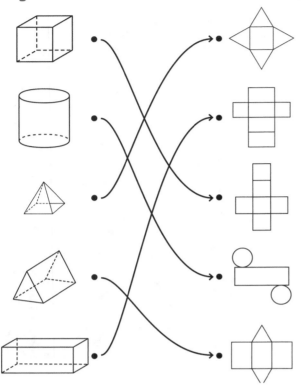

Page 145

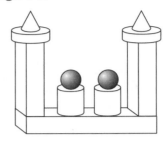

_2_	sphères
_0_	pyramides à base carrée
_3_	prismes à base carrée
_0_	cubes
_4_	cylindres
_2_	cônes

_5_	prismes à base carrée
_2_	pyramides à base carrée
_2_	sphères
_0_	prisme a base rectangulaire
_2_	pyramides à base triangulaire
_6_	cubes

Page 144

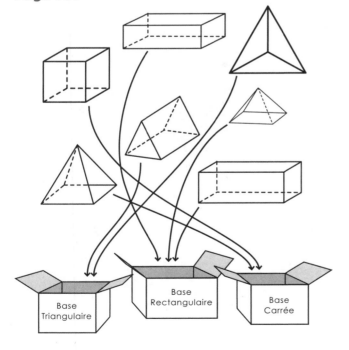

Base Triangulaire

Base Rectangulaire

Base Carrée

Page 146

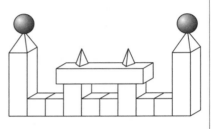

Plusieurs réponses possibles.
Par exemple :

Plusieurs réponses possibles.
Par exemple :

FRAGILE

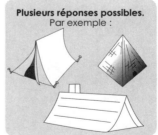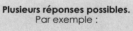

Plusieurs réponses possibles.
Par exemple :

Plusieurs réponses possibles.
Par exemple :

Page 147

Cube	
Pyramide à base triangulaire	
Sphère	
Prisme à base carrée	
Prisme à base triangulaire	
Cylindre	
Cône	
Pyramide à base carrée	

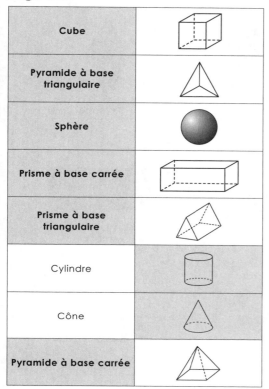

Page 149

	Ligne courbe et ouverte	Ligne courbe et fermée	Ligne brisée et ouverte	Ligne brisée et fermée
(ellipse)		✔		
(triangle)				✔
(créneau)			✔	
(spirale)	✔			
(étoile)				✔
(zigzag)			✔	
(courbe)	✔			

Page 150

a) Dessine une ligne brisée et ouverte.

Plusieurs réponses possibles.

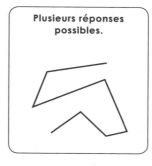

b) Dessine une ligne courbe et fermée.

Plusieurs réponses possibles.

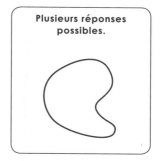

c) Dessine une ligne courbe et ouverte.

Plusieurs réponses possibles.

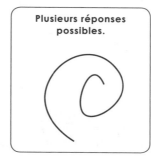

d) Dessine une ligne brisée et fermée.

Plusieurs réponses possibles.

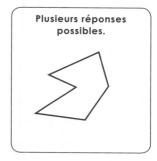

Page 151

a) Les vagues sont des lignes courbes et ouvertes. **VRAI** FAUX

b) Les rayures sur le poisson sont des lignes brisées et fermées. VRAI **FAUX**

c) L'étoile est une ligne courbe et fermée. VRAI **FAUX**

d) Les rayons du soleil sont des lignes courbes et ouvertes. **VRAI** FAUX

e) La boule du soleil est une ligne courbe et fermée. **VRAI** FAUX

f) Il n'y a aucune ligne brisée et fermée sur ce dessin. VRAI **FAUX**

243

Page 153

a)
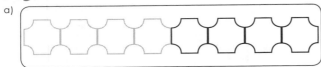

b)
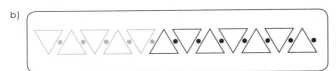

c)

d)
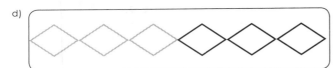

Page 154

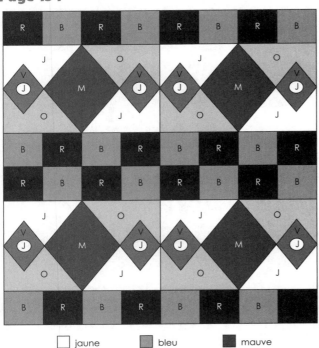

☐ jaune   ☐ bleu   ☐ mauve
☐ orangé ☐ vert   ☐ rouge

Page 155

Plusieurs réponses possibles

Page 156

a)
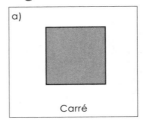
Carré

b)
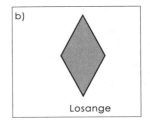
Losange

c)
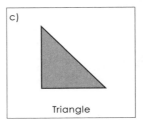
Triangle

d)
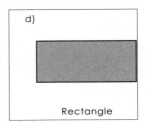
Rectangle

e)
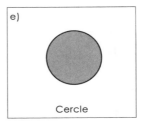
Cercle

f)
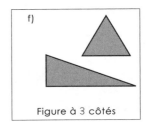
Figure à 3 côtés

Page 157

Nom du solide	Dessin du solide	Nombre de faces	Roule ou glisse
Cylindre		3	Roule et glisse
Cube		**6**	**Glisse**
Cône		2	**Roule et glisse**
Prisme à base carrée		**6**	**Glisse**
Pyramide à base rectangulaire		**5**	**Glisse**
Prisme à base triangulaire		**5**	**Glisse**
Sphère		I	Roule

Page 158

 **A** Lignes brisées

 B Lignes brisées et courbes

 **C** Lignes courbes

Réponse : **C**

Réponse : **A**

Réponse : **B**

Réponse : **A**

Réponse : **B**

Réponse : **C**

Page 159

Nom de la figure	Dessin de la figure	Nombre de côtés
Triangle		3
Cercle		X
Rectangle		4
Carré		4
Losange		4

Page 161

a) Combien de billes or Bernard a-t-il gagnées ? **2 billes**

b) Combien de billes bleues a-t-il gagnées ? **5 billes**

c) Combien a-t-il gagné de billes en tout ? **1 bille**

d) Combien de points a-t-il amassés avec les billes vertes ? **3 points**

e) Combien de points a-t-il amassés avec les billes or ? **14 points**

Page 162

a) Combien y a-t-il d'haïtiens dans la classe ? **4 haïtiens**

b) Combien y a-t-il d'élèves qui proviennent de la Chine et de la Grèce au total ? **3 élèves**

c) De quel pays le plus grand nombre d'élèves proviennent ? **Pakistan**

d) Vrai ou faux ? Il y a plus d'élèves Canadiens que d'élèves Ghanéens. **Faux**

e) Combien y a-t-il d'élèves en tout dans la classe de madame Marguerite ? **20 élèves**

Page 164

a) Maman ourse a eu combien de bébés ? **3 bébés**

b) Qui a eu 4 bébés ? **Lionne**

c) Qui a eu le plus de bébés ? **Chatte**

d) Quelle sont les deux animaux qui ont eu le moins de bébés ? **Jument et manchot**

e) Vrai ou faux ? Il est né 2 fois plus de chatons que de lionceaux ? **Vrai**

Page 165

a) Combien a-t-elle pu observer de rouge-gorge ? **10 rouge-gorge**

a) Combien a-t-elle pu observer de merles ? **6 merles**

a) Combien a-t-elle pu observer d'oiseaux en tout ? **30 oiseaux**

b) Y avait-il plus d'hirondelles ou de geais bleus ? **Hirondelles**

c) Quel est l'oiseau que Vanessa a vu le plus souvent ? **Rouge-gorge**

Page 167

a) Combien Marie a-t-elle de pierres dans sa collection ? **34 pierres**

b) Qui a le plus de pierres ? **Suhana**

c) Qui a le moins de pierres ? **Stéphane**

d) Vrai ou faux ? Frantz a 5 pierres de plus que Liana. **Vrai**

e) Combien de pierres les enfants ont-ils en tout ? **226 pierres**

Page 168

a) Combien y a-t-il d'enseignants qui préfèrent les céréales ? **8 enseignants**

b) Combien y a-t-il d'enseignants qui préfèrent les crêpes ? **9 enseignants**

c) Quel est le petit déjeuner le plus populaire ? **Rôties**

d) Quel est le petit déjeuner le moins populaire ? **Croissants**

e) Combien y a-t-il d'enseignants en tout à l'école Bonnemine ? **45 enseignants**

f) Vrai ou faux ? Il y a moins d'enseignants qui préfèrent les crêpes que le pain doré. **Faux**

Page 169

a) Combien de verres d'eau Daniel boit-t-il le mercredi? **7 verres d'eau**

b) Quels jours Daniel boit-t-il 4 verres d'eau? **Mardi et Samedi**

c) Quel jour boit-t-il le plus grand nombre de verres d'eau? **Vendredi**

d) Combien de verres d'eau boit-t-il la fin de semaine? **7 verres d'eau**

e) Combien de verres d'eau boit-t-il en tout? **39 verres d'eau**

Page 170

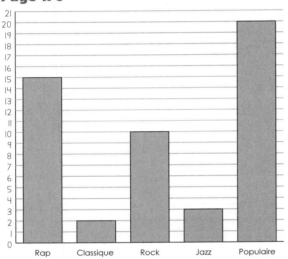

Page 171

Matière préférée	Nombre d'élèves
Mathématiques	**5**
Français	**8**
Anglais	**2**
Musique	5
Éducation physique	**4**

Page 172

- J'ai plus de chances d'obtenir une carte de pique qu'une carte de cœur.
- J'ai moins de chances d'obtenir une carte de pique qu'une carte de cœur.

- J'ai plus de chances d'obtenir une carte de cœur qu'une carte de carreau.
- J'ai autant de chances d'obtenir une carte de cœur qu'une carte de carreau.

- J'ai plus de chances d'obtenir une carte rouge qu'une carte noire.
- J'ai moins de chances d'obtenir une carte rouge qu'une carte noire.

- J'ai plus de chances d'obtenir un 2 qu'un 5.
- J'ai moins de chances d'obtenir un 2 qu'un 5.

- J'ai moins de chances d'obtenir une figure qu'une carte sans figure.
- J'ai autant de chances d'obtenir une figure qu'une carte sans figure.

Page 174

Je lance une pièce de monnaie:

J'ai
plus de chances
moins de chances
Autant de chances
d'obtenir FACE que PILE.

Je roule un dé:

J'ai
plus de chances
moins de chances
Autant de chances
d'obtenir un 2 qu'un 4.

Je tourne la roulette.

J'ai
plus de chances
moins de chances
Autant de chances
d'obtenir un 6 qu'un 4.

Je tourne la roulette:

J'ai
plus de chances
moins de chances
Autant de chances
d'obtenir une ligne courbes qu'une ligne fermée.

Page 176

	Certain	Possible	Impossible
a) L'année prochaine il y aura 5 saisons.			✗
b) Leticia boira 3 biberons de lait aujourd'hui.		✗	
c) Si aujourd'hui il pleut, demain il fera soleil.		✗	
d) Mon grand-père accumulera 678 points au jeu vidéo.		✗	
e) J'irai prendre des vacances sur la planète Jupiter.			✗
f) Demain il y aura 24 heures dans la journée.	✗		
g) Luc aimera son cours de mathématiques demain.		✗	
h) Si je dessine un triangle, mon triangle aura 3 côtés.	✗		

Page 179

Code de couleurs

Fraise = rouge   Chocolat = brun   Citron = jaune

Page 177

Page 180

Viandes / Légumes	Pepperoni	Poulet	Thon
Champignons	Pizza aux champignons et au pepperoni	Pizza aux champignons et au poulet	Pizza aux champignons et au thon
Poivrons	Pizza aux poivrons et au pepperoni	Pizza aux poivrons et au poulet	Pizza aux poivrons et au thon
Tomates	Pizza aux tomates et au pepperoni	Pizza aux tomates et au poulet	Pizza aux tomates et au thon

Page 181

Janvier	Février	Mars	Avril
_____	_____	Béchir	Raja

Mai	Juin	Juillet	Août
_____	_____	Moufida et Issam	Fathia

Septembre	Octobre	Novembre	Décembre
_____	Fares	_____	Aroussi

Page 182

Janvier	Février	Mars	Avril
_____	_____	_____	_____

Mai	Juin	Juillet	Août
Claude et Nathalie	Pierrot	Alexandra	_____

Septembre	Octobre	Novembre	Décembre
_____	_____	Olivier	_____

Page 183

Pompon   Misti   Lola

Rosie   Ti-Pet   Grisette   Papoune

Page 184

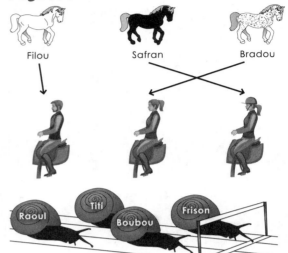

Filou   Safran   Bradou

Raoul   Titi   Boubou   Frison

Page 185

12   17   14

a) _____ Thomas   b) _____ Rosalie   c) _____ Hendrix

53   21   27

d) _____ Florence   e) _____ Antoine   f) _____ Emma

Page 188

a) CALCULS : 54 - 49 = 5

Réponse complète : Les enfants ont mangé 5 muffins.

b) CALCULS : 102 - 5 = 97

Réponse complète : Il reste 97 feuilles dans l'arbre.

Page 189

a) CALCULS : 3 + 7 + 10 + 1 = 21

Réponse complète : Elles ont mangé 21 légumes.

b) CALCULS : 9 + 4 + 12 + 2 = 27

Réponse complète : Il a vu 27 voitures en tout.

Page 190

a) CALCULS : 2 + 6 = 8

Réponse complète : J'ai vu 8 animaux à 4 pattes.

b) CALCULS : 10 + 10 + 10 + 10 + 10 = 50

Réponse complète : Il marche en tout 50 minutes dans une semaine.

Page 191

a) Noëlla adore faire des confitures. L'automne dernier, elle a fait 3 pots de confitures à la rhubarbe, 4 pots de confitures à la fraise et 2 pots de confitures aux pêches. ⟨Combien a-t-elle fait de pots de confiture en tout ?⟩

b) Gil a un beau grand jardin derrière sa maison. Il a planté deux arbres fruitiers, 3 plants de tomates et autant de plants de poivrons que de plants de tomates. ⟨A-t-il planté plus de plants de tomates ou de plants de poivrons ?⟩

c) Lison et Marie partage 9 cerises. Lison en prend 4. ⟨Combien en reste-t-il pour Marie ?⟩

d) Trois amis participe à une course. Louka a le numéro 6 sur son dossard. Gabriel a le numéro 10. Sur son dossard, Aline a un nombre pair plus grand que Louka, mais plus petit que Gabriel. ⟨Quel est ce nombre ?⟩

e) Eugène a deux chiens et 1 chat. ⟨Combien y a-t-il de pattes d'animaux ?⟩

Page 192

a) CALCULS : 4 + 2 = 6

Réponse complète : Julien a 6 bonbons.

b) CALCULS : 8 + 8 = 16

Réponse complète : Il y a 16 enfants dans la piscine.

Page 193

a) CALCULS : 6 – 1 = 5

Réponse complète : Il y a 5 pinsons sur la branche.

b) CALCULS : Nuages : 2 + 4 = 6

Nuages et cerfs-volants : 6 + 4 = 10

Réponse complète : Elle voit 10 choses en tout dans le ciel.

Page 194

a) Plusieurs réponses possibles

Par exemple : combien y a—t-il d'animaux en tout ?

b) Plusieurs réponses possibles

Par exemple : combien a-t-elle acheté de vêtements en tout ?

c) Plusieurs réponses possibles

Par exemple : Quel âge a son frère ?

Page 195

a) Qui a amassé le plus de points ? **Adrien (13 points)**

b) Quels prix Liam peut-il demander avec ses points ?

Toutou et barbe à papa

c) Quel prix Adrien peut-il demander avec ses points ?

Toutou, ballon de soccer et barbe à papa

Page 196

a) CALCULS : 2 + 2 + 2 + 2 + 2 + 2 = 12

Réponse complète : Elle a dépensé 12 $.

b) CALCULS : 100 + 100 = 200

Réponse complète : Les deux ancres pèsent 200 kilos.

Page 197

a)

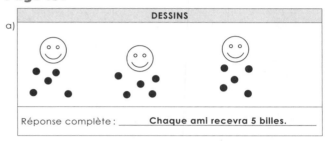

DESSINS

Réponse complète : **Chaque ami recevra 5 billes.**

b)

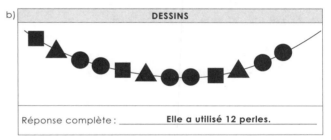

DESSINS

Réponse complète : **Elle a utilisé 12 perles.**

Page 198

a) CALCULS : 47 + 14 = 61

Réponse complète : Il y a 61 places dans la salle.

b) CALCULS : 36 - 7 = 29

Réponse complète : Il a maintenant 29 pommes dans son panier.

Page 199

a) CALCULS :

1. Combien de collants en tout ? 4 + 4 + 4 = 12

2. Y a-t-il assez de collants ? 15 - 12 = 3

Réponse complète : Non, il y a 3 élèves qui n'auront pas de collants.

b) CALCULS :

1- Quel est le prix pour 2 chapeaux ? 6 + 6 = 12

2- Combien d'argent lui remet-elle ? 20 - 12 = 8

Réponse complète : La caissière lui remet 8 $.

Page 200

Nombre représenté	Nombre en chiffres	Nombre en lettres
✳ ✳ ✳	3	Trois
(17 cœurs)	17	Dix-sept
(20 soleils)	20	Vingt
(9 nuages)	9	neuf
(11 oiseaux)	11	Onze
(30 abeilles)	30	Trente
(4 éléphants)	4	Quatre
(6 moutons)	6	Six

Page 201

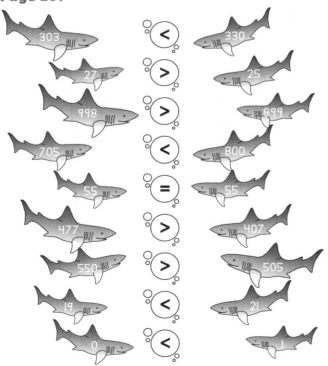

303	<	330
27	>	25
998	>	899
705	<	800
55	=	55
477	>	407
550	>	505
19	<	21
0	<	1

Page 202

a) 777, 701, 500, 171, 107

b) 605, 502, 402, 303, 250

c) 998, 990, 899, 889, 782

d) 17, 22, 34, 35, 54

e) 100, 200, 210, 290, 310

f) 1, 4, 5, 8, 9

Page 203

Page 204

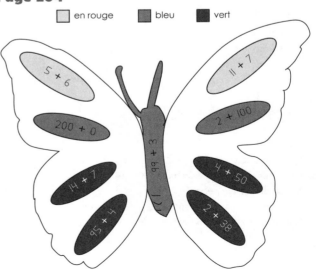

en rouge   bleu   vert

5 + 6   11 + 7
200 + 0   2 + 100
99 + 3
14 + 7   4 + 50
95 + 4   2 + 38

Page 205

a) 30 + 1 = **31**

b) 21 + 6 = **27**

c) 1 + 3 = **4**

d) 50 + 7 = **57**

e) 12 + 15 = **27**

f) 17 + 2 = **19**

g) 22 + 4 = **26**

h) 94 + 10 = **104**

i) 3 + 5 = **8**

j) 82 + 1 = **83**

k) 357 + 20 = **377**

l) 100 + 500 = **600**

Page 206

a) 300 - 100 = **200**

b) 21 - 5 = **16**

c) 105 - 5 = **100**

d) 42 - 2 = **40**

e) 58 - 3 = **55**

f) 68 - 6 = **62**

g) 57 - 9 = **48**

h) 79 - 10 = **69**

i) 8 - 8 = **0**

j) 196 - 13 = **183**

k) 751 - 2 = **749**

l) 555 - 7 = **448**

Page 207

a)
$$\begin{array}{r} 95 \\ - 18 \\ \hline 177 \end{array}$$

b)
$$\begin{array}{r} 618 \\ + 295 \\ \hline 913 \end{array}$$

c)
$$\begin{array}{r} 581 \\ + 223 \\ \hline 804 \end{array}$$

d)
$$\begin{array}{r} 41 \\ - 15 \\ \hline 26 \end{array}$$

e)
$$\begin{array}{r} 218 \\ - 95 \\ \hline 123 \end{array}$$

f)
$$\begin{array}{r} 193 \\ - 27 \\ \hline 166 \end{array}$$

g)
$$\begin{array}{r} 291 \\ + 192 \\ \hline 483 \end{array}$$

h)
$$\begin{array}{r} 49 \\ - 47 \\ \hline 2 \end{array}$$

i)
$$\begin{array}{r} 335 \\ + 517 \\ \hline 852 \end{array}$$

j)
$$\begin{array}{r} 561 \\ - 29 \\ \hline 232 \end{array}$$

k)
$$\begin{array}{r} 333 \\ - 23 \\ \hline 310 \end{array}$$

l)
$$\begin{array}{r} 514 \\ + 450 \\ \hline 964 \end{array}$$

Page 208

	QUESTIONS	RÉPONSES
12	Combien y a-t-il de dizaine ?	**Une dizaine**
24	Si tu ajoutes une dizaine, quel nombre obtiens-tu ?	34
75	Si tu enlèves 4 unités, quel nombre obtiens-tu ?	71
770	Si tu ajoutes une centaine, quel nombre obtiens-tu ?	870
239	SI tu enlèves une centaine, quel nombre obtiens-tu ?	139
56	Si tu ajoutes une unité, une dizaine et une centaine, quel nombre obtiens-tu ?	167

Page 209

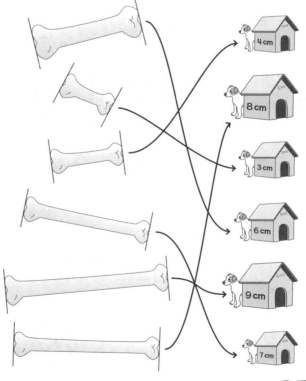

Page 210

Cercle — Carré — Triangle

Rectangle — Losange

Figure	Nombre
	1
	6
	4
	2
	1

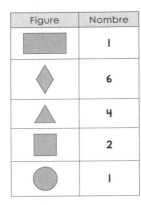

Page 211

Cube	
Prisme à base carrée	
Pyramide à base carrée	
Prisme à base triangulaire	
Cylindre	

Page 212

a) b)  c)

d)  e)  f)

g) h) i)

Page 213

CHAMBRE DE NAËL

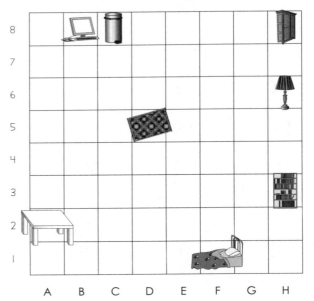

252

Page 214

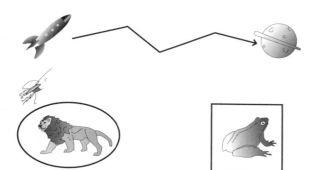

Page 215

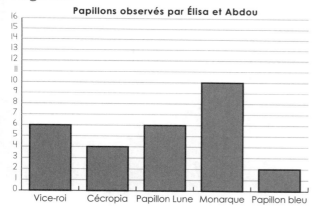

Page 216

Dans un jeu régulier de 52 cartes :	Certain	Possible	Impossible
a) Je pige une carte de cœur.		✗	
b) Je pige un 15 de pique.			✗
c) Je pige une figure.		✗	
d) Je pige une carte rouge ou noire.	✗		
e) Je pige deux cartes : une carte rouge et une carte noire.		✗	
f) Je pige deux cartes : une carte de carreau et une carte verte.			✗
g) Je pige 5 cartes : elles sont toutes rouges.		✗